北京外国语大学一流学科建设科研项目成果

中国文化"走出去"研究报告

北京外国语大学中国文化走出去协同创新中心 主办
北京外国语大学比较文明与人文交流高等研究院
北 京 中 外 文 化 交 流 研 究 基 地 协办

张西平 张朝意 / 总主编
郭景红 薛维华 管永前 / 副总主编

中国哲学社会科学 "走出去"年度报告

（2018）

ANNUAL REPORT ON THE "GOING-GLOBAL"
OF CHINESE PHILOSOPHY AND SOCIAL SCIENCE (2018)

主　编 / 张朝意
副主编 / 管永前

社会科学文献出版社
SOCIAL SCIENCES ACADEMIC PRESS (CHINA)

总序言

中国，一个有着悠久历史文化的东方大国，一个历经苦难、不断奋斗而快速崛起的大国，一个已经走进世界舞台中心的大国。她需要向世界展示自己灿烂悠久的文明，她需要让世界了解东方的智慧，她希望与世界分享一个发展中国家走向成功的经验。

中国的崛起是一个文明型大国的崛起，世界文化的版图也将因此而改写。中国文化在走向世界的过程中，向世界学习，在讲述自己的故事的时候，聆听着世界各国文化的交响。文化是一个国家、一个民族的灵魂。文明因交流而多彩，文明因互鉴而丰富。中华文化向世界展示的过程就是一个以文明交流超越文明隔阂，以文明互鉴超越文明冲突，以文明共存超越文明优越的伟大历史过程。

党的十八大以来，我国的文化影响力日益扩大，国际舆论格局"西强我弱"的差距正在缩小。我国提出的构建人类命运共同体、共建"一带一路"等得到国际社会的广泛认同，我国的国际影响力、感召力、塑造力日益提升。另一方面，世界正处于百年未有之大变局之中，增强国际话语权、提升国家文化软实力任务之艰巨前所未有。

文明的中国、发展的中国是一个完整的中国。中华优秀传统文化是中华民族的文化根脉，其蕴含的思想观念、人文精神、道德规范，不仅是我们中国人思想和精神的内核，对解决人类问题也有重要价值。当代中国以其前所未有的蓬勃力量，创造了人类历史上前所未有的发展速度，中国道路正在展现其无穷的魅力。我们有着厚重的历史，我们有着精彩的今天，中国人民正在探索如何向世界展示自己的文明，如何向世界讲述自己精彩的故事。

中国文化在世界的展开已经成为崛起的中国伟大交响曲中的一支，我们应该不断总结自己走向世界的历程，不断完善展示自己文化的方法，不断提高中国文化国际传播力。

中国文化"走出去"研究报告丛书将书写中华文化与世界各国文明交流互鉴、交融发展的历史，将积累在这个崭新伟大的事业中的点点滴滴的进步，将记载因向外部世界传播，中华文化的精神不断变革发展的历程，将见证中国文化产业在世界的发展与壮大，将总结中华文化国际影响力不断提高的历史过程。传播力决定影响力，话语权决定主动权。通过不断提高中华文化国际影响力，让中华文化更好地走向世界，让世界更好地了解中国，为实现"两个一百年"奋斗目标和中华民族伟大复兴的中国梦营造良好的国际舆论环境。本丛书正是为此而作。

张西平

2018 年 8 月 16 日

目　录

第一章　中国哲学社会科学"走出去"年度报告总论[*]

习近平总书记在党的十九大报告中明确指出："意识形态决定文化前进方向和发展道路。……要深化马克思主义理论研究和建设，加快构建中国特色哲学社会科学，加强中国特色新型智库建设。"哲学社会科学具有传承人类文明、传播先进文化的重要作用，哲学社会科学的发展水平体现着一个国家和民族的思维能力、精神状态和文明素质。推动哲学社会科学"走出去"，是让世界了解中华文化渊源、理解中华文化价值、推动中华文化传播、支持当代中国发展的重要途径，对于提升国家软实力具有重要意义。

党的十八大以来，随着我国社会主义事业的不断推进发展，来自高校、社会科学院、党校（行政学院）、部队院校、党政研究部门等系统的广大哲学社会科学工作者，在科研中坚持以马克思主义为指导，取得了许多突破性进展。在国际学术舞台上，中国学者不断发出中国声音，增强了中国学术话语权，中国哲学社会科学研究的国际学术影响力不断扩大。中国学者积极参与国际性重大问题的研究，为世界持续发展贡献中国智慧、提供中国方案，增强了中国哲学社会科学研究的使命感，提升了中国哲学社会科学的学术自觉

*　张朝意，北京外国语大学教授；管永前，北京外国语大学副教授。

和学术自信。

总体上说，目前中国哲学社会科学"走出去"已形成良好的发展态势，成为我国开展国际人文交流合作的重要组成部分，质量和水平逐步提高。从广度看，不仅与亚洲、欧美地区的传统交流合作得到巩固和提升，而且拓展了与大洋洲、拉美、非洲等地区的交流合作；除了部属高校，很多地方高校也成为国际学术交流合作的活跃主体。从深度看，已从邀请国外学者来华讲学、举办国际学术会议，向国外讲学、海外发行外文刊物、在国外单独或共建研究机构、联合开展课题研究等深度合作转变。在肯定成绩的同时，我们也应清醒地认识到，与时代要求和国家需求相比，中国哲学社会科学在"走出去"方面还有较大差距。首先是高层次外向型人才不足。具有国际视野、通晓国际规则、具有较高外语水平的复合型人才不足，是制约中国哲学社会科学"走出去"的瓶颈所在。其次是层次和水平不高。对中国经验、中国道路的总结提炼还不够深入，话语体系还不够适应，对外介绍、传播力度还不够大，宣传推广的手段和渠道还比较有限。最后是机制不活。投入不够，资源比较分散，缺乏整体规划和配合，相关政策措施并不配套，没有形成有效的合力。

正如习近平总书记所指出："在解读中国实践、构建中国理论上，我们应该最有发言权，但实际上我国哲学社会科学在国际上的声音还比较小，还处于有理说不出、说了传不开的境地。"① 我国哲学社会科学工作者必须增强紧迫感、使命感，加快提升哲学社会科学国际话语能力，讲好中国故事，传播好中国声音，树立好中国形象，努力向世界贡献中国智慧、提供中国方案。

———————

① 习近平：《在哲学社会科学工作座谈会上的讲话（2016年5月17日）》，新华社，2016年5月18日。

一 中国哲学社会科学"走出去"
面临的新使命、 新要求

哲学社会科学"走出去",是中华文化"走出去"的重要组成部分。改革开放以来,中国哲学社会科学以开放促改革、以开放促发展,国际交流与合作取得显著成效。在新时代新的起点上,推动中国哲学社会科学"走出去",对于深入推进哲学社会科学繁荣发展,进一步提升高等教育国际化水平,扩大中国学术的国际影响力,妥善回应外部关切,增进国际社会对我国基本国情、价值观念、发展道路、内外政策的了解和认识,展现我国文明、民主、开放、进步的形象,增强我国国际话语权,具有十分重要的意义。哲学社会科学工作者在落实中华文化"走出去"战略、建设社会主义文化强国的伟大进程中,承担着光荣使命和崇高责任。我们一定要科学分析、准确把握国际国内新形势新要求,深刻认识新时代哲学社会科学"走出去"的新使命新任务,增强紧迫意识、责任意识。

第一,中国哲学社会科学"走出去"是应对全球化挑战、提升国家文化软实力的必然要求。当今世界正处在大发展大变革大调整时期,经济全球化、世界多极化、文化多元化的趋势更加明显,国家文化软实力已成为综合国力竞争中的重要部分。面对金融危机、能源资源、气候变化、粮食安全、公共卫生、重大自然灾害等各类全球性重大挑战和威胁,人类需要以共同智慧去应对。可以说,世界的问题就是中国的问题,中国的问题也是世界的问题。从这个意义来讲,传统的关起门来搞研究,已经行不通了。如何应对国际利益格局的新变化,更好地抓住机遇,提升国家文化软实力,如何应对全球性问题的挑战,提升我国的学术创新能力和国际影响力,成为摆在我们面前的重大而紧迫的课题,迫切需要哲学社会科学深入研究和科学回答。

第二，中国哲学社会科学"走出去"是将中国介绍给世界、展示中国新形象的重要途径。改革开放40年来，我国经济社会快速发展，综合国力显著增强，各项事业取得了举世瞩目的伟大成就，已成为全球第二大经济体，进入由大国向强国迈进的关键阶段。"中国奇迹"在国际上的吸引力、影响力越来越大，世界各国对我国的发展经验和理论更加关注。当前，中国学术的国际影响力与中国在世界上的经济政治地位极不相称，西方国家掌握国际话语权的大格局没有根本改变，西方对中国的了解远远不及中国对西方的了解。如何将中国介绍给世界，向国际社会广泛深入地宣传介绍中国特色社会主义发展理念、发展道路和制度特点，宣传介绍当代中国的崭新面貌和发展前景，宣传介绍中华文化对人类文明的卓越贡献，使中国发展道路和经验在国际上得到更多的理解和认同，为中国改革开放和现代化建设事业营造良好的国际舆论环境，是哲学社会科学工作者所面临的重大而紧迫的任务，高校有实力更有责任担当起这一重大责任。

第三，中国哲学社会科学"走出去"是促进中华文化海外传播，扩大国际交流与合作的重大举措。文化是意识形态、价值观念、宗教信仰、道德水平等多方面的集中体现，是潜在的、隐形的国家发展软实力。语言与文化、经济与文化、科技与文化、哲学社会科学与文化等，都有着良好的互动关系。推进哲学社会科学"走出去"，需要借助中国文化的魅力，通过文化载体，加强哲学社会科学的国际交流和传播。近年来，中国文化交流和语言学习的国际需求不断加大，国际学术交流与合作日益增多，这说明各国对中华五千年文明充满了兴趣。把中华文化传播出去，推进中西文化的理解和融合，加强文明互鉴，对于新时代的中国发展具有无比重要的价值。

二　中国哲学社会科学"走出去"研究现状

哲学社会科学一般可以划分为人文学科和社会科学两大类，其中，哲学、历史学、考古学、文学、语言学、艺术学等学科归属于人文学科，教育学、经济学、社会学、政治学等归属于社会科学。

近年来，中国哲学社会科学成果如何"走出去"成为学术界、期刊界和科研管理部门热议的话题。学术期刊作为学术成果集中记录和交流传播的基本载体，在推动科研创新、繁荣学术文化、促进科技进步和经济社会发展等方面发挥着不可替代的作用。然而，对中国学术研究尤其是哲学社会科学研究成果的国际影响力一直以来都缺乏比较系统、科学的研究。清华大学《中国学术期刊（光盘版）》电子杂志社肖宏等学者，基于《中国学术期刊国际引证年报》（2012~2016），运用文献计量学和对比分析方法，定量分析了我国哲学社会科学论文在2011~2015年的各项评价指标和数据，为系统、客观地评估我国哲学社会科学的国际影响力规模与程度提供了一种新的客观分析方法和参考依据。[1]

根据《国际引证年报》统计，我国每年约有2100种哲学社会科学期刊及其成果至少被国际期刊引用1次。在统计年2011~2015年，共计有2687种国内哲学社会科学期刊产生了国际引用频次。根据2016年《国际引证年报》数据统计，15149种统计源期刊分别来自全球103个国家和地区，具有相当程度的代表性、广泛性。入选统计源期刊最多的20个国家中又以美国和英国最多，分别为5412种和4567种，远超其他国家。

---

[1] 肖宏、张义川、汤丽云、伍军红、孙秀坤、孙隽、李芳芳：《我国哲学社会科学国际影响力研究——基于国际文献大数据的分析（2011~2015年）》，《中国社会科学评价》2017年第4期。

1. 我国哲学社会科学国际影响力的现状与趋势

数据统计显示，我国 2600 余种哲学社会科学期刊在统计年 2011～2015 年的国际他引总被引频次从 2011 年的 15157 次提高到 2015 年的 40494 次，年均增长率为 27.8%，呈现较快增长趋势，社会科学类成果约占 74%，远大于人文学科 26% 的占比。从中文刊、英文刊和中英文刊国际影响力的各项指标对比可以看出，英文期刊品种规模虽小，但刊均国际他引影响因子、刊均国际他引总被引分别是中文期刊的 14.2 倍和 1.7 倍，其国际影响力整体高于中文期刊。

总体而言，我国哲学社会科学期刊及其成果的国际影响力与国际优秀期刊及其成果的国际影响力规模与水平相比仍存在较大差距，国际总被引体量还不够大。这说明，要掌握国际哲学社会科学领域的学术话语权，以中国当代哲学社会科学研究成果去影响国际同行，尚需在内容和形式上提升外向输出的能力，在期刊"走出去"方面也应加大投入。

我国哲学社会科学各学科的国际影响力也存在不均衡现象，只有经济学、教育学、管理学、语言学、政治学等国际影响力优势明显，其他很多学科相对薄弱，说明学者和学术期刊要关注所在领域国际范围内的创新研究，努力参与国际范围内学术界共同关注的话题；对于立足中国特色国情开展的学术研究，也应该站在面向世界的角度，做好中国观点、中国理论的阐释。

英文期刊的国际影响力表现整体优于中文期刊，说明学术交流语言在中国学术成果国际化过程中发挥着关键作用。中国哲学社会科学学者在参与国际对话和交流的过程中，除了要提高学术质量和加强学术创新，还应充分重视学术交流语言这一问题。

2. 受国际关注的中国哲学社会科学研究机构、学者、热点和期刊

数据统计显示，2005～2014 年发表的哲学社会科学成果的国际被引频次约占全部国际被引频次的 80%，而 2010～2014 年发表的哲学社会科学成果的国际被引频次约占全部国际被引频次的 50%，说明我国哲学社会科学领域的研究越来越受到国际同行的关注。2015年共有 2500 余个国内机构的哲学社会科学成果产生了国际引次，约有 1.9 万名作者获得至少 1 个国际引次。在 2010~2014 年入选的 186种 Top 期刊中，有 38 种期刊入选 5 次，占比 20.4%。

通过对文献大数据的进一步挖掘和分析发现，我国产生国际引用的哲学社会科学成果在时间分布上呈现出跨度长、集中度较高等特点。其中，中国人民大学、北京大学、北京师范大学及中国社会科学院等成为我国哲学社会科学领域国际影响力较高的研究机构，国际高被引中国作者如段成荣、方晓义、蔡昉、伍新春等，亦主要来自这些机构。这说明，我国高校和中国社会科学院在哲学社会科学领域的研究工作给予了国际交流较多关注，而其他专业机构和地方研究机构尚需开拓国际视野，加强国际交流，增强学术成果的国际化和影响力。期刊方面，中国社会科学院主办的 *China & World Economy*，*Social Sciences in China* 以及北京体育大学主办的《北京体育大学学报》等是我国哲学社会科学学术期刊"走出去"的优秀代表。

3. 关注我国哲学社会科学的海外地区、机构和学者

数据统计显示，2015 年共有 98 个海外国家和地区的 1980 个研究机构、6175 名学者引用了我国哲学社会科学的研究成果。其中，施引频次较高的国家和地区既有美国、英国、澳大利亚等西方发达国家，也有新加坡、日本、韩国等亚洲国家。在引用我国哲学社会科学成果的海外研究机构中，有 259 家施引频次不少于 10 次。斯坦福大学、哈佛大学、李约瑟研究所和慕尼黑大学等引用较多的海外机构均为设有东亚研究相关专业的全球一流大学和海外汉学研究重镇。英国沃里克大学国际关系学教授沙恩·布思林等外国学者和美国威斯康星大学麦迪逊分校刘思达等华裔专家是最为关注和经常引用我国哲学社会科学成果的海外学者。加强同这些地区、机构和专家的国际交流与合作，将会比较有效地带动我国哲学社会科学领域学术成果的国际交流与应用。

以上基于国际文献大数据的我国哲学社会科学国际影响力发展现状与趋势分析，可为全面落实习总书记"增强我国哲学社会科学研究的国际影响力"要求、加快实施我国哲学社会科学"走出去"战略、着力提升我国国家文化软实力等重大战略规划和创新发展问题，提供一种新的客观分析方法和科学决策参考依据。

三　本书的基本框架与主要内容

由张西平教授任总主编的《中国文化"走出去"年度研究报告》，已经于 2012 年、2016 年连续两次发布，涵盖了 2011 ~ 2014 年中国文化"走出去"的总体情况。该报告是目前中国国内唯一一份跨行业、跨部门、跨学科的综合性年度发展报告。两次年度报告出版后，在学术界和政府、企业中产生了积极影响。

《中国哲学社会科学"走出去"年度报告（2018）》是在前两次年度报告的基础上，首次按照专业、行业分卷组织编写的海外传播报告，共分 8 章，分别是总论、中国马克思主义理论研究成果"走出去"、中国经济学研究"走出去"、中国法律文化"走出去"、中国国际关系研究学术成果"走出去"、2015 ~ 2016 年度语言学国际化进展述评、中国学者参加哲学社会科学国际学术会议情况（2015 ~ 2016）、中国学者在国际哲学社会科学期刊上发表论文情况（2014 ~ 2017）。

第一章　中国哲学社会科学"走出去"年度报告总论

本章主要介绍中国哲学社会科学"走出去"面临的新使命新要求、中国哲学社会科学"走出去"研究现状和本书的基本框架与主要内容。

第二章　中国马克思主义理论研究成果"走出去"

当代中国的快速发展，引起了国际社会的广泛关注。中国所坚持的中国特色社会主义道路、中国特色社会主义理论和中国特色社会主义制度，创造了人类社会发展史上惊天动地的发展奇迹，使中华民族焕发出新的蓬勃生机。本章通过对国内中国马克思主义理论研究成果的译介、"走出去"情况及国外学界关于"中国道路"、"中国模式"及中国特色社会主义理论的研究成果进行收集分析，归纳国内中国马克思主义理论研究成果的译介情况，国外学界对当前中国特色社会主义理论、中国发展模式的主要认识，并加以具体分析，同时提出一些提升中国特色社会主义国际影响力的相关建议。

就国内而言，中国马克思主义理论研究成果"走出去"主要以译文、译著等形式集中体现在对马克思主义基础理论、中国特色社会主义理论与实践、社会主义核心价值等方面的译介和传播上。整体来看，目前中国马克思主义理论研究成果"走出去"的路径、方式还比较分散，尚未形成集中效应、规模效应。在搜集和整理相关资料的过程中，发现国家社科基金中华学术外译项目、《中国社会科学》英文版及权威出版社的相关外文出版是目前中国马克思主义理论研究成果"走出去"的主要渠道。尽管中国马克思主义理论研究成果"走出去"的工作已经从多方面展开，并产生一些积极效果和影响，但与"让世界了解中国"这一目标还有较大距离。相较于国外学界对中国马克思主义理论研究成果的主动性研究，目前国内对中国马克思主义理论研究成果的主动性译介、传播力度还有待加大，传播主题还有待延伸，传播途径还有待拓展。

就国外而言，海外学界对中国马克思主义理论研究成果的主动性研究日益兴盛，其主要聚焦于对"中国道路"、"中国模式"及中国特色社会主义等核心内容的研究，并主要以学术论文或研究报告的形式体现在国外的知名文献数据库中，各国学术界具有代表性的成果大多以英文发表。在对 EBSCO、Sage Journals、Wiley、JSTOR 等国外知名文献数据库 2016 年收录的英文研究成果，以"中国道路"（Chinese path）、"中国模式"（Chinese model）、"北京共识"（Beijing Consensus）、"中国社会主义"（Chinese socialism）等作为关键词进行检索后，发现以下两点。第一，从成果数量看，2016 年国外主要数据库中对"中国道路"进行研究的成果较少，而关注"中国模式""北京共识"的研究成果较多，关于"中国社会主义"的研究成果在数量级上明显高于其他关键词。第二，对这些检索结果进行分析后得出的结论是：国外学界对中国发展的理论和实践关注度是不断提升的；国外学界总体上认为中国是社会主义国家，但是对中国特色社会主义理论的认知仍有提升空间；国外学界在分析评价中国的发展时，还是倾向于传播时间更长、更为熟悉的话语及观察视角，如"中国模式""北京共识"等；由我国最新提出的"中国道路"在对外传播的效果上仍有较大提升空间。

总体上说，我国马克思主义理论研究成果的主动"走出去"滞后于国外学界对中国马克思主义理论研究成果，特别是中国特色社会主义理论及其实践成果的主动性译介和研究。当前，要真正地推动中国马克思主义理论研究成果走出去，提升中国特色社会主义的国际影响力，需从以下几方面着手：首先，中国马克思主义理论研究成果源于中国特色社会主义的伟大实践，源于马克思主义基本原理与中国具体实际相结合；其次，通过延伸传播主题、拓展传播渠道、加大传播力度，推进中国马克思主义理论研究成果"走出去"，提升中国特色社会主义的国际影响力；最后，要推进中国马克思主义理论研究成果"走出去"，提升中国特色社会主义的国际影响力，必须坚持中国特色和社会主义的主流方向。

第三章　中国经济学研究"走出去"

本章基于 2015～2016 年 SSCI 经济学期刊发表的中国学者论文总量、论文结构、作者数量、作者单位、被引用数量等指标的分析，得出三点结论。一是中国经济学研究"走出去"成果明显。改革所带来的经济学研究的日益繁荣和开放所引发的国际学术交流的不断扩大与深入，使中国经济学研究者迅速了解国际经济学研究的前沿课题，逐步掌握国际经济学的最新研究方法、规范化学术语言和国际化成果发表渠道，越来越多的中国经济学研究成果被国际经济学期刊录用和发表，越来越多的国外学者和机构与中国学者和机构合作开展经济学研究，进一步推动了中国经济学研究"走出去"。二是中国经济学研究"走出去"的不平衡性依然突出。虽然我国越来越多的经济学研究机构和学者的研究成果逐步在国际经济学界占有一席之地，但只是集中于北京大学、中国科学院、中国人民大学和清华大学等少数研究机构的少数学者，登载中国学者论文的 SSCI 经济学期刊也只是为数不多的几种刊物，中国经济学研究"走出去"在人员、机构和刊物等各方面都严重失衡，不利于中国经济学研究"走出去"的可持续发展。三是中国经济学研究"走出去"仍然任重道远。随着越来越多的中国学者在 SSCI 经济学期刊上发表论文，论文数量呈增长态势，但质量仍有待提高，一个突出表现就是中国学者在 SSCI 经济学期刊发表的论文的被引频次偏低，这与我国在世界经济中的地位极不匹配，表明我国从世界经济中心成长为世界经济研究中心还有很长的路要走。

第四章　中国法律文化"走出去"

在中国文化走向世界的过程中，法律文化占据了重要地位，对提升我国文化国际影响力具有不可替代的作用。适应对外开放不断深化，完善涉外法律法规体系，促进构建开放型经济新体制；积极参与国际规则制定，推动依法处理涉外经济、社会事务，增强我国在国际法律事务中的话语权和影响力，运用法律手段维护我国主权、安全、发展利益；强化涉外法律服务，维护我国公民、法人在海外及外国公民、法人在我国的正当权益，依法维护海外侨胞权益；深化司法领域国际合作，完善我国司法协助体制，扩大国际司法协助覆盖面。这些均是我国促进法律文化"走出去"的重大举措。

2015～2016 年，我国采取多种形式积极主动向外宣传和弘扬中华优秀法治文化，充分发挥了民间法律外交的作用，加快了树立法治强国形象的步伐，提升了法治中国的国际地位和影响。中国法学会积极践行民间法律外交，是中国法律文化"走出去"的先行者。提出法律交流"五个走出去"策略，即法治文化先出去、法律服务跟出去、法学家讲出去、法律机制建出去、法律规则输出去，彰显民间法律外交特色。中外 10 多家单位加入"法律外交战略合作伙伴计划"，自 2012 年该计划发起以来，迄今已有包括中国政法大学中欧法学院在内的国内外 150 多家法学法律机构参与其中，对保障与促进国内外法学法律界的交流与合作发挥了重要作用。中国对外法学交流工作取得了卓越成绩，围绕深化区域法律合作，举办了一系列有影响力的活动，主办、协办和参加国际会议 10 次，签署 12 份《双边合作备忘录》；成立了"中国－非洲法律外交研究中心"，积极推进"法律外交战略合作伙伴计划"，新增伙伴 50 个。中国法律外交取得重大成就：倡议发起 12 次以上的区域论坛和研讨会；举办了多届"中外法律人才交流项目"以及"中外法律培训基地"研修班；签署了《中非合作论坛——约翰内斯堡行动计划（2016—2018）》《昆明宣言》《中国－南亚法律合作共同宣言》《新德里宣言》《中国与拉美和加勒比国家合作规划（2015～2019）》等战略性文件；成立了中非联合仲裁中心、中非法律研究中心、中欧法律研究中心、中国－拉美法律研究中心和培训基地等重要法律机构；成立了中国法律外交研究中心；发动大量中国法学学者进行海外讲学；继续推动"法律外交战略合作伙伴计划"，促进中外法律文化交流等。

总之，2015～2016年是中国对外法律交流极为重要的两年。在这两年中，虽然交流过程中充满了困难和挑战，但中国积极巩固了与许多国家、地区的法律交流，也打开了与很多国家、地区的法律交流大门，取得了显著成就，为中国法律文化"走出去"、中外法律文化交流打下了坚实基础。

第五章　中国国际关系研究学术成果"走出去"

近年来，作为政治学和传播学聚合领域的国际传播研究，越来越受到关注和青睐，研究成果日益增多。国际关系研究学术成果"走出去"的重要目的是把中国重大战略阐释好，消除国际社会对中国的疑虑，讲好中国故事、传递好中国声音，促进世界了解中国的立场和主张，使外界对中国有一个客观公正的认知与评价，营造一个比较好的外部舆论环境。

通过检索可以看到，2015～2016年，中国国际关系领域的学者，在以SSCI和A&HCI为代表的国际学术期刊上的发文量，再创历史新高。这样的成绩，一方面是学者们自身不断努力和整个国际关系学科领域水平提高的必然结果，另一方面也与国家对国际关系学科的重视程度逐渐提高有较大关系。放眼中国学术界，精通外语、有海外留学背景的人才越来越多，这一现象直接提高了中国国际关系学界的国际化程度。

从国际大环境来看，中国现在所处的时代非常有利于中国国际关系研究学术成果"走出去"。和平发展、合作共赢是当今世界的时代主题，各国都希望可以相互尊重、互利共赢，这就为中国国际关系学术成果"走出去"营造出良好的国际大环境。中国国际关系研究学术成果"走出去"首先应当充分理解世界发展变化的文化背景，在注重主流传播的同时，还要关注发展中国家的文化发展诉求。中国主张的多元文化、和谐世界、世界民主、合作共赢，不仅是中国的主流价值取向，同时也是许多国家，特别是发展中国家的价值取向，具有世界意义。中国对外宣示和解读这些主流价值观，不仅能够体现全球发展趋势，获得世界上广泛的认可和赞同，而且通过对话交流可以逐步建立"新的公平公正的国际话语体系"。中国国际关系研究学术成果"走出去"还要强调中国责任，强调中国学者有责任向世界介绍和解读近年来中国社会的深刻变化，推动中国哲学社会科学走向世界，使中国国际关系研究学术成果真正"走出去"。总之，中国学者应该为中国学术热在全球范围的持续升温做出自己应有的贡献。

第六章　2015～2016年度语言学国际化进展述评

中国文化"走出去"的一个重要特点是"中国学术、国际表达"，本章以语言学学科中的语言政策研究领域为案例，进行了分析。2015～2016年，语言政策研究领域在国际论文发表、英文专著、国际会议上都取得了一定的进展，向世界传递了中国学者的声音，凸显了语言政策研究学者在国际学界的话语权，为中国文化进一步走向世界积累了宝贵经验。面对现有研究中存在的问题，我们认为中国文化"走出去"的前提是在具备国际视野的前提下，研究方法的主流化、研究问题的中国化，并在此基础上逐步进行理论创新。

第七章　中国学者参加哲学社会科学国际学术会议情况

哲学社会科学国际学术会议对哲学社会科学的发展和中国文化的对外传播具有重要作用和意义，本章主要对中国学者参加的哲学社会科学国际学术会议情况展开深入分析与阐述。

据不完全统计，2015～2016 年度有中国学者参加的人文社科方向的国际学术会议共有 416 次，涵盖 18 个学科门类，组织单位覆盖 82 个国内外学校和单位，举办地点覆盖亚洲、欧洲、拉丁美洲、北美洲、非洲。绝大多数会议由高校组织，主要分为国内高校独立组织、国内高校与国内单位（包括高校）联合组织、国内高校与国外单位（包括高校）联合组织、国外高校独立组织、政府或非政府组织独立组织五大类型。

与 2013～2014 年度相比，2015～2016 年度中国学者参加的哲学社会科学国际学术会议有以下几个特点：一是会议召开次数增幅较大；二是规模较大的会议召开次数增幅巨大；三是在同年度中所召开哲学社会科学方向的国际学术会议中规模较大会议所占的比重有所提高；四是国内高校与国外单位（包括高校）联合组织的哲学社会科学方向的国际学术会议召开次数有较大幅度的增长；五是各个学科的会议召开次数与排名发生了较大变化。

2015～2016 年度，有中国学者参加的哲学社会科学国际学术会议情况能取得较大的进展，主要有以下几个原因：一是国家对"一带一路"倡议的重视引发了学术界对"一带一路"问题研究的热潮；二是中拉关系、中阿关系的新进展引起了学术界对中拉关系和中阿关系研究的重视；三是国家对哲学社会科学发展的政策支持与引导。

2015～2016 年度中国学者参加的哲学社会科学国际学术会议在数量和规模上都有了较大的发展，且以中国举办为主，这说明我国举办国际会议的能力得到了不断的提高，但同时也存在一些问题。首先，我国召开的哲学社会科学方向的国际学术会议在规模上仍偏小；其次，我国召开的哲学社会科学方向的国际学术会议仍存在质量不高的问题；最后，我国召开的哲学社会科学国际学术会议存在较为严重的学科不平衡的问题。这说明哲学社会科学领域的相关高校及单位对于召开国际学术会议仍存在一定的功利主义倾向，需要相关部门的规范和引导。

第八章　中国学者在国际哲学社会科学期刊上发表论文情况（2014～2017）

本章以 SSCI 和 A&HCI 这两个数据库为主要参照体系，通过分析中国学者在具有世界影响力的刊物上所发表的论文数量、涉及的学科及其趋势等，为中国哲学社会科学走向国际的进程定位提供一定的数据支撑，为中国哲学社会科学"走出去"提供一个相对客观且具有延续性的统计指标。通过在 WOS 平台上进行检索，2014～2017年，中国学者（含港、澳，不含台湾，此为该数据库的默认分类）在 SSCI 上共发表文章 60600 篇，在 A&HCI 上共发表文章 5342 篇。通过对比历史数据，我们可以得出一个基本结论：2014～2017 年，中国哲学社会科学领域在国际化方面取得了非常显著的进展。

从世界范围来看，中国学者 2014～2017 年在 SSCI 和 A&HCI 上的发文量非常可观，已稳居世界前列。与美国相比，尽管差距仍然巨大（美国是我国的 8.9 倍），但比此前的差距（13.5 倍）有了幅度可观的缩小；与欧洲传统社会科学大国德国相比，差距也有了明显缩小；相比法国，我国学者的发文量则从此前的略有优势（高出 9%）发展为明显优势（高出约 51%）；相比亚洲的学术大户日本和新加坡，我们的领先优势仍然非常明显。此外，中国学者的合作对象范围较之前有了极大的拓展，说明中国社会科学学者近年来所关注的重点领域达到了高度的国际化，且中国学者在学术规范化方面取得了较大的进步，能够获得越来越多国际同行的认可；另外也反映出 SSCI 和 A&HCI 的西方视角和英语独大，依然制约着中国及其他国家和地区的学者加入其中。

从 2014～2017 年的数据分析来看，在 SSCI 和 A&HCI 收录的期刊上发表文章对中国人文社会科学学者而言已经是一件越来越平常的事了。在"量"已得到显著提高的当下，如何提高论文的"质"，应当是人文社会科学学者需要思考的重要问题。对此，我们建议抓住以下几点。首先，对于已经能在 SSCI 和 A&HCI 刊物上发表论文的学者而言，应当不满足于"发表"本身，而需要更加关注发表之后的影响（例如考察被引情况、国际同行评价等），从中寻找学术规律，以期写出更高质量的文章。其次，我们要清楚认识到，SSCI 和 A&HCI 收录期刊并不等同于"顶级"刊物，每个学科内都还有公认的顶尖期刊，数量更少，发表更难，但其国际影响力也与普通刊物不可同日而语。因此，有必要对这两大数据库所收录的期刊进行再分类和再评价，以筛选出其中更权威的一批，进行重点引导，这也是学术发展到一定阶段之后的必然趋势。此外，我们也不要忘记将眼光投向英语之外的平台，在语言条件允许的情况下，与非英语学术圈的交流亦非常必要。在这方面，国内教授语种最多的北京外国语大学一直在探索更为全面的评价体系。近年来，根据对象国的文化地位及其人文社科成果的重要性与影响力等因素，经各语种专家学者推荐、评审，已形成一批"非英语国家重要学术期刊目录"（首批 105 种，两年修订一次），引导教师在其上发表成果。这对于尊重文化多元性、提高我国人文社科学术影响力等都具有非常积极的作用，值得推广。

总之，在人文社会科学的诸多评价标准中，SSCI 和 A&HCI 仅是其中之一，它作为一种人文社会科学国际化程度的最基本的评价机制，起到了其历史作用，对中国学者走向国际具有重要的引领作用。然而我们也要清醒地认识到其局限性。要提高自身的影响力和学术价值，中国人文社科学者势必还需要向更高峰迈进。

第二章 中国马克思主义理论研究成果"走出去"[*]

当今中国的快速发展，引起了国际社会的广泛关注。中国所坚持的中国特色社会主义道路、中国特色社会主义理论和中国特色社会主义制度，使具有500年历史的社会主义主张在世界上人口最多的国家成功开辟出具有高度现实性和可行性的正确道路，让科学社会主义在21世纪焕发出新的蓬勃生机；使具有60多年历史的新中国建设取得举世瞩目的成就，中国这个世界上最大的发展中国家在短短30多年里摆脱贫困并跃升为世界第二大经济体，创造了人类社会发展史上惊天动地的发展奇迹，使中华民族焕发出新的蓬勃生机。2016年7月1日，习近平总书记在庆祝中国共产党成立95周年大会上的讲话中指出："中国特色社会主义道路是实现社会主义现代化的必由之路，是创造人民美好生活的必由之路。我们要坚信，中国特色社会主义理论体系是指导党和人民沿着中国特色社会主义道路实现中华民族伟大复兴的正确理论，是立于时代前沿、与时俱进的科学理论。我们要坚信，中国特色社会主义制度是当代中国发展进步的根本制度保障，是具有鲜明中国特色、明显制度优势、强大自我完善能力的先进制度。"习近平的这一段讲话鲜明地阐述了"中国道路"是以中国化的

---

* 祝和军，北京外国语大学马克思主义学院党总支书记，副教授，研究方向为马克思主义哲学；孙磊，北京外国语大学马克思主义学院副教授，研究方向为马克思主义理论研究。

· 18 ·

马克思主义理论为指导，在具体实践中内在生成的具体制度和发展模式，即"中国制度"和"中国模式"。从历史角度来看，这条"中国道路"也是中国共产党领导全国人民，在经历革命战争、社会主义建设和改革开放等重大实践后的正确历史选择；从现实角度来看，"中国道路"的开拓、发展与成功充分验证了中国特色社会主义理论，同时也在实践中丰富并发展了中国特色社会主义。

在中国特色社会主义道路的引领下，中国用几十年时间走完了发达国家几百年走过的发展历程，成就举世瞩目。国外学界在赞叹中国发展成就的同时，也对中国的发展道路展开了深入的研究。"北京共识""中国模式"等观点视角层出不穷，学界的观点也影响着国外政治家和公众对于当代中国的认识。一些发达国家和许多发展中国家领导人希望从中国的成功经验中寻找有助于本国经济发展、社会进步的道路。尤其是 2008 年全球金融危机之后，中国仍然保持了发展势头，成为全球经济复苏的主要引领者之一，激发了国外学界和政界关注中国、研究中国的热情，形成了许多研究成果。他们对中国的发展模式给予高度评价，但同时，部分学者对于中国的政治和社会制度，以及作为其基础的中国特色社会主义理论缺乏正确的认识。

对于我国而言，目前的发展成就在国外获得了关注和肯定，客观上提升了我国的文化自信，也形成了进一步传播好中国声音、讲好中国故事、正确高效地让国外学界及政界了解中国特色社会主义理论的机遇。为有效传播中国特色社会主义理论，需要全面深入了解目前国外学界对中国特色社会主义理论的认识和评价，对既有的各种观点去伪存真，以便更有针对性地对外传播中国特色社会主义理论及"中国道路"，提升中国特色社会主义理论及实践的国际影响力。

实践是马克思主义的重要理论品格。马克思主义理论只有"当作实践来理解"，才能推动现实世界不断革命化。因此，马克思主义理论总以通过实践生成理论的直接现实为要旨。所以，马克思主义理论研究成果的对外传播和影响力情况，即国外对中国化马克思主义理论及其指导下的中国特色社会主义实践的认识。它通过两个维度得以展现：其一为内在维度，即中国马克思主义理论研究成果的主动"走出去"；其二为外在维度，即国外学界对中国马克思主义理论研究成果的主动性研究。因此，本报告拟通过对国内中国马克思主义理论研究成果的译介、"走出去"情况及国外学界关于"中国道路"、"中国模式"及中国特色社会主义理论的研究成果进行收集分析，归纳国内中国马克思主义理论研究成果的译介情况，国外学界对当前中国特色社会主义理论、中国发展模式的主要认识，并对之加以具体分析，同时提出一些提升中国特色社会主义国际影响力的相关建议。

一 中国马克思主义理论研究成果 "走出去"基本情况及其分析

就国内而言，中国马克思主义理论研究成果"走出去"主要以译文、译著等形式集中体现在对马克思主义基础理论、中国特色社会主义理论与实践、社会主义核心价值等的译介和传播上。整体来看，目前中国马克思主义理论研究成果"走出去"的路径、方式还比较分散，尚未形成集中效应、规模效应。在搜集和整理相关资料的过程中，发现国家社科基金中华学术外译项目、《中国社会科学》英文版及权威出版社的相关外文出版是目前中国马克思主义理论研究成果"走出去"的主要渠道。

中华学术外译项目是我国国家社科基金项目主要类别之一，它经由全国哲学社会科学规划领导小组批准并于 2010 年设立。中华学术外译项目立足于学术层面，集中遴选译介代表中国学术水准、体现中华文化精髓、反映中国学术前沿、传播当代中国价值观念的学术精品，资助相关优秀成果以外文形式在国外权威出版机构出版并进入国外主流发行传播渠道，致力于推动中国学术从积极"走出去"到有效"走进去"，深化中外学术交流与对话，促进世界更好地了解中国和中国学术，增强中国学术的国际影响力和国际话语权，以不断提升国家文化软实力。

具体来看，2015 年有 5 项中国马克思主义理论研究方面的成果入围该项目。分别是：中国人民大学陈先达所著《走向历史的深处：马克思历史观研究》，由中国人民大学出版社以俄文版获得资助出版；南开大学逄锦聚所著《马克思主义整体性研究》，由南开大学王传英以英文版获得资助出版；北京师范大学杨耕所著《为马克思辩护：对马克思哲学的一种新解释》，由中国人民大学出版社以俄文版获得资助出版；复旦大学陈学明所著《谁是罪魁祸首——追求生态危机的根源》，由华东理工大学吴丽环以英文版获得资助出版；南开大学王南湜所著《中国哲学精神重建之路：马克思主义哲学中国化探讨》，由北京师范大学以韩文版获得资助出版。

2016 年也有 5 项中国马克思主义理论研究方面的成果入围该项目。分别是：中国社会科学院贺新元所著《中国道路：不一样的现代化道路》，由福建师范大学王绍祥以英文版、青岛农业大学朴京玉以日文版获得资助出版；中国社会科学院李培林所著《全面深化改革二十论》，由社会科学文献出版社以英文版获得资助出版；中国人民大学张雷声、武京闽所著《发展中的社会主义理论与实践》，由中国人民大学出版社以英文版获得资助出版；北京大学郭建宁所著《民族复兴的价值支撑——社会主义核心价值观研究》，由高等教育出版社以英文版获得资助出版；南京大学张一兵所著《回到马克思》，由江苏人民出版社以俄文版获得资助出版。

《中国社会科学》英文版是译介和传播中国马克思主义理论研究成果的又一重要途径，2015 ~ 2016 年有多篇文章在英文版发表。具有代表性的如中央党校许全兴撰写的《〈实践论〉和〈矛盾论〉对马克思主义哲学中国化的启示》（2015 年第 2 期），该文认为毛泽东的《实践论》和《矛盾论》是马克思主义哲学与中国革命实践、中国传统哲学优秀成果三者相结合的产物，丰富和发展了马克思主义的认识论和辩证法。《实践论》和《矛盾论》是马克思主义哲学中国化的典范，为进一步推进马克思主义哲学中国化提供了有益的启示，它将丰富的实践经验上升为哲学理论，学习和吸取了当代马克思主义哲学最新成果，继承和发展了中国传统哲学的优秀遗产，并从具体哲学问题入手，推进马克思主义哲学的中国化。

中国人民大学陈先达撰写的《马克思恩格斯经典文本研究的双重视角》（2015 年第 3 期）认为阅读和研究马克思恩格斯经典文本，应该从马克思主义哲学史和马克思主义哲学原理两种视角出发。马克思恩格斯经典文本研究的两种视角，不能分离，更不能相互矛盾。应该坚持历史唯物主义的方法，按照原著本意阅读并以创造性态度对待马克思恩格斯经典。必须反对片面强调自我解读、自我建构的研究方式。在马克思主义哲学的研究中，不能以文本的不同解读建构多元化的马克思主义，而应在尊重、学习、正确理解马克思恩格斯经典的基础上发展马克思主义哲学，这对巩固马克思主义在意识形态中的指导地位有重要价值。

关于执政党建设、科学社会主义理论发展，亦有多篇文章发表，如山东大学王韶兴撰写的《第一国际的共产主义活动与社会主义政党政治逻辑》（2016 年第 4 期），北京外国语大学林建华撰写的《世界革命视域下共产国际的实践逻辑》（2015 年第 4 期），深圳大学姜安撰写的《国际共产主义运动在世界反法西斯战争中的历史作用》（2016 年第 3 期）等。另有多篇关于人类命运共同体视域下的全球治理、国家治理方面的文章发表，这体现了自党的十八届三中全会提出实现国家治理体系和治理能力现代化目标后，关于国家治理理论和实践的研究正逐渐成为学界研究的热潮。中国的国家治理能力不断提升不仅对中国意义重大，也将对全球治理产生影响。

此外，一些出版社的外文出版也为中国马克思主义理论研究成果"走出去"提供支持和助力。2015 年，作为"十二五"国家重点图书出版规划项目、北京市社会科学理论著作出版基金重点资助项目，北京外国语大学韩震教授主编的《社会主义核心价值观·关键词》丛书中英文版由中国人民大学出版社出版，在理论界引起广泛影响，亦不失为中国马克思主义理论研究成果译介、"走出去"的有益尝试。该丛书致力于用通俗的语言解读党的十八大报告对社会主义核心价值观的最新论述，引领广大读者深刻领悟社会主义核心价值观的精髓和灵魂。该丛书共有 24 册（包含中英文版本），其中每册围绕一个社会主义核心价值观关键词进行阐述，具体包括《富强》《民主》《文明》《和谐》《自由》《平等》《公正》《法治》《爱国》《敬业》《诚信》《友善》。丛书旨在开展深度阐释、解读工作，通过深入的理论宣传和研究，把富强、民主、文明、和谐的理念讲透彻，把自由、平等、公正、法治的理念讲清楚，把爱国、敬业、诚信、友善的理念讲充分，广泛进行传播，使之家喻户晓、深入人心，用以引领思想意识、凝聚意志力量，为社会主义核心价值体系建设提供有力的理论支撑。

2016 年 11 月，《摆脱贫困》（英文精装版）由外文出版社出版。该书收录了习近平 1988 年 9 月~1990 年 5 月担任中共福建省宁德地委书记期间的重要讲话、文章，共 29 篇。这些讲话、文章紧紧围绕闽东地区如何脱贫致富、加快发展这一主题，提出了"弱鸟先飞""滴水穿石""四下基层"等许多富有创见的理念、观点和方法，深刻回答了推进闽东地区经济社会发展的重大理论和实践问题。这是马克思主义中国化理论在现实中国伟大历史实践的生动体现，具有重要借鉴意义。

综上，中国马克思主义理论研究成果"走出去"的工作已经从多方面展开，并产生了一些积极效果和影响，但离"让世界了解中国"这一目标还有较大距离。相较于国外学界对中国马克思主义理论研究成果的主动性研究，目前国内对中国马克思主义理论研究成果的主动性译介、传播力度有待加大，传播主题有待延伸，传播途径有待拓展。

二 国外学界对中国马克思主义理论研究成果的关注及其分析

国外学界对中国马克思主义理论研究成果的主动性研究日益兴盛，主要聚焦于对"中国道路"、"中国模式"及中国特色社会主义等核心内容的研究，并主要以学术论文或研究报告的形式体现在国外的知名文献数据库中，各国学术界具有代表性的成果大多以英文发表。另外，自 2008 年全球性金融危机及经济危机以来，中国的发展举世瞩目；2012 年以来以习近平同志为核心的党中央提出了一系列治国理政新理念、新思想、新战略，使国外学界对中国特色社会主义的研究进入了一个新的发展时期，成果数量明显增加。在对 EBSCO、Sage Journals、Wiley、JSTOR 等国外知名文献数据库 2016 年收录的英文研究成果，以"中国道路"（Chinese path）、"中国模式"（Chinese model）、"北京共识"（Beijing Consensus）、"中国社会主义"（Chinese socialism）等作为关键词进行检索后，发现以下几个特点。第一，从成果数量看，2016 年，国外主要数据库对"中国道路"进行研究的成果较少，而关注"中国模式""北京共识"的研究成果较多，关于"中国社会主义"的研究成果在数量级上明显高于其他关键词。第二，对这些检索结果进行分析后得出的结论是：国外学界对中国发展的理论和实践关注度是不断提升的；国外学界总体上认为中国是社会主义国家，但是对中国特色社会主义理论的认知仍有提升空间；国外学界在分析评价中国的发展时，还是倾向于传播时间更长、更为熟悉的话语及观察视角，如"中国模式""北京共识"等；我国最新提出的"中国道路"在对外传播的效果上仍有较大提升空间。下面做具体分析。

首先，对"中国道路"研究成果的分析。

在 EBSCO、Sage Journals、Wiley、JSTOR 等数据库中以"中国道路"（Chinese path）作为关键词进行检索，我们看到：在总体数量上，国外学界关于"中国道路"的研究成果还是比较有限的。就各个数据库收录的成果数量而言，JSTOR 数据库中关于"中国道路"的研究成果数量要多于其他数据库。就各年度成果数量变化而言，2016 年 JSTOR 数据库收录数量比 2015 年及以前有明显的增长，其他数据库研究成果数量的增长趋势不明显。这些数据说明，国外学界对于"中国道路"的认知度和关注度仍有较大的提升空间，现有的研究可能还需要一定时间才会转化为成果；目前国外学界对于中国发展的研究视角更多集中于传播更久的"中国特色社会主义"，以及由国外学者提出、更为国外学界熟悉的"中国模式"。

其次，对"中国模式""北京共识"研究成果的分析。

国外学者在分析评价中国发展的成就及经验时，使用了"中国模式"（Chinese model）及"北京共识"（Beijing Consensus）等术语来进行总结概括。许多研究成果也以这两个术语为讨论的核心。在 EBSCO、Sage Journals、Wiley、JSTOR 等数据库中以"中国模式""北京共识"作为关键词进行检索后，我们看到：国外学界关于"中国模式"的研究成果明显多于"中国道路"的研究成果。从各数据库收录成果数量来看，Wiley 和 JSTOR 数据库收录的研究成果数量较多，相比往年增长幅度较为明显。关于"北京共识"的研究成果也多于"中国道路"的研究成果。各个数据库比较方面，除 JSTOR 数据库外其他数据库收录数量接近。需要特别指出的是，Sage 数据库收录成果的总体数量在 2016 年出现了明显增长。可见，国外学界对于"中国模式""北京共识"的研究比较关注，这两个术语也是他们研究中国发展时较为常用的。"中国模式""北京共识"是国外学者在 21 世纪初提出的，而与其相关的研究成果在 2016 年明显增加。这表明除了学术研究必需的时间成本之外，中国经济在世界上地位的进一步提升，以及中国在国际体系中话语权的不断上升是国外学界越发关注中国发展现状、道路选择及制度安排的重要因素。此外，"中国模式""北京共识"的研究成果数量较多，也体现了国外学界对于以习近平同志为核心的党中央治国理政思想的持续关注。

最后，对"中国社会主义"研究成果的分析。

国外学者对"中国特色社会主义"的理解大多不是从社会主义理论入手，而是更多将其理解为中国现有制度（主要是政治制度和行政体制）的总和。以"中国特色社会主义"（Socialism with Chinese Characteristics）作为关键词在各主要数据库中检索得到的结果均十分有限，难以进行详尽分析，因此改用"中国社会主义"（Chinese socialism）为关键词对国外关于中国特色社会主义的研究成果进行检索，可以得出结论：国外关于"中国社会主义"的研究成果数量还是比较可观的，仅2016 年的论文及报告就超过 300 篇。从各个数据库比较来看，4 个数据库中收录的研究成果数量则有很大差异。

对国外学界有关中国特色社会主义的研究成果进行数量统计后，我们对相关研究成果的主要观点进行了分析，从中可以发现，国外学界对中国特色社会主义理论的认识主要分为三种：一是部分学者从传统政治文化视角出发，认为中国特色社会主义理论吸收了中国传统儒家思想文化，是马克思主义与中国传统文化的结合；二是左翼学者从马克思主义理论视角出发，认为中国仍属于社会主义的范畴，中国特色社会主义是人类的巨大实验，是摆脱了苏联和东欧传统社会主义模式的追赶型社会主义，是"后社会主义"；三是还有一些学者从西方政治学理论视角出发，认为中国特色社会主义是在多个发展中国家出现过的所谓"集体主义发展体制"。在此，我们将着重对第一种观点加以介绍。

中国特色社会主义融合了马克思主义与中国传统。一些国外学者从中国共产党的意识形态与传统文化关系的角度出发，探讨中国共产党对中国伦理道德的吸收和传承、马克思主义与中国传统思想的相容性等问题，将中国共产党在道德层面的马克思主义"中国化"建设作为又一个执政合法性来源以及"中国道路"获得成功的经验。他们认为，中国特色社会主义已经不是传统的社会主义，而是吸收了中国儒家思想的社会主义。执政党正在试图吸纳儒家思想，以缓解矛盾，化解冲突，使社会更加稳定，增加其执政的合法性。

法国政治哲学家、经济学家、中国问题专家托尼·安德烈阿尼（Tony Andréani）分析了中国共产党如何化解"和谐"观与马克思主义矛盾观的冲突。在西方人眼中，马克思主义哲学的中心思想是矛盾和阶级斗争，而事实上中国共产党化解两者冲突的关键在于对中国传统思想的继承和发展，这正是西方马克思主义者所不具备的优势条件。在中国传统思想中，矛盾与失衡具有特殊意义，追求和谐的首要任务是重塑遭到破坏的平衡，无论自然秩序还是社会秩序均须如此。当代中国许多政治讲话中的表述都暗含了这一逻辑：矛盾始终存在，而处于变化之中的平衡能够且应该被不断提升至更高水平的和谐。稳定意味着抵达一个平衡点，而这个平衡点只是暂时存在，随着时间的推移需要等待新的平衡点出现。中国传统思想并不主张对抗，在中国共产党所推崇的价值观中可以探寻到阴阳对立统一的思想，即积极辩证法：相互对立的事物并非完全无关，一方往往可对另一方起强化作用，动态平衡由此形成。因此，共产主义可以作为引导航向的罗盘，在寻找动态平衡点的过程中推动中国特色社会主义建设不断进步。

中国问题专家多米尼克·德·朗比尔（Dominique de Rambures）认为，在所有西方哲学流派中，马克思主义无疑是与中国哲学思想最为接近的。一方面，两者的立论基础都是唯物主义。中国传统文化推崇的是"天"，而不是类似西方文化中创造天地的超自然力量上帝，"道"则是一种事物变化遵循的规律和原因。此外，阴阳之间的辩证关系也不同于西方的超验性，天地万物都是阴阳互动的结果。因此，中国传统思想对辩证唯物主义并不陌生，这也是马克思主义在中国迅速被接受的重要原因之一。另一方面，马克思主义与中国传统思想的发展路径是相似的。两者均不是源于认识论的跳跃性发展，而是一个范式接着一个范式的推进。知识的推进方法是渐进性的或探索性的，在一个连续的阐释链上逐渐积累各种思想成果。与马克思主义思想经历了列宁主义、斯大林主义、毛泽东思想的逐层积累一样，儒家思想也是由连续积累的知识层逐渐构造而成的，包括墨子思想、荀子思想、宋朝的新儒家思想、清朝的儒家思想等。因此，马克思主义与中国思想对于任何阐释都是持开放态度的，具有较强的包容性。中国共产党的合法性不是单纯基于经济增长的，还存在其他来源，包括民族主义、中国传统思想以及马克思列宁主义。基于几千年的文化传统，中国形成了一个"霍布斯式"的国家：人民将主权交给国家，国家则保证制度的稳定、经济的繁荣和民族的强大，这种契约关系得到了民意的大力支持。而中国共产党对马克思主义的"中国化"解读更是强化了这种契约关系。安德烈阿尼则认为，中国共产党所提供的合法性论据有三点：第一是曾经领导民众抗击帝国主义侵略，以重塑民族自信、捍卫国家独立为使命，民众牢记共产党的历史性作用；第二是对历史发展规律的科学认识，避免对马克思列宁主义的教条化解读，将实践作为检验真理的唯一标准，不断根据现实和自身情况调整和更新原有认识；第三是致力于建设"高度文明"的社会，以区别于其他出于个人动机或团体利益而自发形成的社会力量。

英国《经济学人》杂志也曾刊文指出，"和谐社会"和"小康社会"有着很强的儒家色彩。儒家思想强调秩序、平衡与和谐，崇尚权威，关心他人，这无疑有利于建设一个现代化的中国。在这方面，也许儒家学说与共产主义的结合会起到积极的作用。加拿大学者贝淡宁（Daniel A. Bell）在《中国的新儒学：变化社会中的政治和日常生活》一书中提到，新儒学正在代替西方自由主义，成为中国关注的一个意识形态。他仔细观察了中国日常生活中的各种仪式、程序等细节，认为新儒家思想正在方方面面深刻影响着中国的现代社会。

综上所述，这部分国外学者认为中国特色社会主义理论吸收了中国传统儒家思想文化，是马克思主义与中国传统文化的结合。受制于文化差异、认知差异等，在理解角度、关注点、逻辑思路上又各有不同。诚然，他们关于中国特色社会主义的理解有其合理性，但也存在问题。其主要问题在于没有很好地把马克思主义放到中国大的历史背景当中去，即没有把马克思主义基本原理同中国的具体实际相结合来理解，或者说，没有同中国具体实际的全面整体性相结合来理解，因而难以避免出现误读、误解和偏差。

关于国外左翼学者把中国特色社会主义称为"后社会主义"，也是不妥的。国外左翼学者认为中国属于社会主义，摆脱了苏联和东欧传统社会主义模式，是符合中国社会现实状况的，有其合理性。但不能据此宣称中国特色社会主义是"后社会主义"。其原因首先在于"后社会主义"本身的概念就是含混不清的，因而不宜用其指代任何国家的政治体制和社会制度；其次中国特色社会主义是马克思主义中国化的产物，是马克思主义基本原理同中国的具体实际相结合的产物，有其复杂性、特殊性，因而要具体分析，不宜简单等同。

还有一部分国外学者认为中国特色社会主义是在多个发展中国家出现过的所谓"集体主义发展体制"，也是不对的。一个重要原因在于，以西方政治学理论视角来衡定中国社会无论在立场上还是标准上都是不符合实际的。中国社会制度的形成、发展与西方社会政治有着较大差异，不能用"威权主义发展体制"简单概之。

三 中国马克思主义理论研究成果
"走出去"的对策、建议

通过以上分析总结，我们基本理清了国内外关于中国马克思主义理论研究成果"走出去"的基本状况及认知情况。总体上说，当前我国马克思主义理论研究成果的主动"走出去"滞后于国外学界对中国马克思主义理论研究成果，特别是中国特色社会主义理论及其实践成果的主动性译介和研究，呈现出一种发展不均衡的态势。当前，要真正地推动中国马克思主义理论研究成果"走出去"，提升中国特色社会主义的国际影响力，需从以下几方面着手。

首先，中国马克思主义理论研究成果源于中国特色社会主义的伟大实践，源于马克思主义基本原理与中国具体实际相结合。因此，要真正地推动中国马克思主义理论研究成果"走出去"，提升中国特色社会主义的国际影响力，根源在于中国特色社会主义实践的不断发展完善，在于马克思主义中国化理论成果的不断发展完善。一种理论研究成果能否产生吸引力、影响力，关键在于它是否能够解决人类历史上出现的问题，在于它是否具有巨大的现实针对性。这是中国马克思主义理论研究成果"走出去"的根本，丢掉这一要旨，所有的传播手段、途径都会显得黯淡无光。坚持和发展中国特色社会主义，就是要坚定正确的理想、立场和方向，有条不紊地、一步一步地夯实社会主义中国的综合国力和理论研究水平，产出具有国际影响力和领先水平的马克思主义中国化的精品力作。

其次，通过延伸传播主题、拓展传播渠道、加大传播力度，推进中国马克思主义理论研究成果"走出去",提升中国特色社会主义的国际影响力。目前,我们的主动性译介和传播还有很大提升空间,要让世界全面了解中国,需要丰富我们的传播主题,就中国马克思主义理论研究成果方面而言,不仅要译介宣传马克思主义中国化的哲学理论成果,还要译介宣传政治经济学理论研究成果,译介宣传中国特色社会主义最新研究成果。还应拓展多元传播渠道、加大传播力度,过去我们比较多地使用纸媒、文字的方式,现在我们可以在原有基础上增进中华学术外译项目立项以及权威期刊外文版的发行,遴选和打造精品力作。随着更多中国人走出国门,以及"一带一路"倡议和构建人类命运共同体倡议的提出,要更有针对性地、聚焦主题式地进行译介宣传,要更积极主动地介绍中国,让世界了解中国、理解中国。

最后,要推进中国马克思主义理论研究成果"走出去",提升中国特色社会主义的国际影响力,必须坚持中国特色和社会主义的主流方向。21世纪是一个开放、多元、信息共享的世纪,也是一个机遇与挑战并存的世纪。随着信息化程度的不断提高,世界各国的文化和文明成果在世界大舞台上不断交流、交融和交锋。哪种理论研究成果更有吸引力,在一定程度上取决于它的理论特质、现实针对性和未来指引性。任何文化和文明成果,越是独特且现实,越有吸引力;越是大众,越容易淹没在世界文化大潮中。中国马克思主义理论研究成果也要有自己的独特之处,不能随波逐流,其特色就是为人类未来发展多提供了一种可能性和现实参照。今天,我们要在全球化浪潮中积极译介、传播中国理念、中国价值、中国道路、中国特色社会主义的理论和实践成果,并与其他文明成果进行比较互鉴,不断彰显中国马克思主义理论研究成果的理论魅力和中国特色社会主义伟大实践的现实魅力。

第三章　中国经济学研究"走出去"[*]

——基于 SSCI 经济学期刊发表论文分析

一　概述

随着中国经济的快速发展，中国的经济学研究也取得了长足进步。中国经济发展过程中不断引发和显现的各种新问题，为经济学研究提供了丰裕的现实土壤，大量中国学者耕耘于此，取得了许多有意义的研究成果，并在具有国际影响力的期刊上发表了文章。这不仅有利于让世界更好地了解中国经济，同时也有利于推动中国经济学研究"走出去"。中国经济学研究"走出去"一方面表现为越来越多的中国学者在具有国际影响力的期刊上发表论文，另一方面表现为越来越多的外国学者和机构与中国学者和机构合作，共同研究中国经济问题，并在具有国际影响力的期刊上发表论文，从而使中国的经济学研究引起更广泛的关注，促进中国经济学研究"走出去"。通常情况下，学术水平和影响力较高的期刊其审稿制度也较为严苛，从而最大限度保障其所发表论文的质量。因此，期刊影响力同论文影响力之间存在正相关关系。换言之，期刊影响力是期刊所收录论文整体质量和学术影响力的体现。SSCI 来源期刊是经过几十年实践检验得到国际

[*]　陈文力，北京外国语大学副教授，北京高校中国特色社会主义理论研究协同创新中心研究员。

学术界公认的高水平学术期刊，其所刊载的论文都是在经过严格的编审审稿和同行专家匿名评审通过后发表的，期刊审稿的过程也就是同行评议的过程。当论文通过期刊评审程序在 SSCI 期刊上发表时，就表明该论文已达到该期刊的整体水平。因而，一国（地区）在 SSCI 经济学期刊发表论文的数量变化，在一定程度上可以代表该国（地区）经济学研究水平和国际影响力的变化。本文研究所需数据来自汤森－路透集团公司发布的 Web of Science 核心合集 SSCI 数据，查询条件为：查询主题——CHINA，Web of Science 类别——ECONOMICS，文献类型——ARTICLE，国家/地区——PEOPLESR. CHINA（包括香港、澳门和台湾）。查询作者中有中国学者的有关中国经济学研究的论文对其进行分析，本章论及的"论文"，如"SSCI 经济学期刊发表的中国学者论文""SSCI 经济学期刊发表的中国经济研究论文"等是指符合上述查询条件的论文，即在 SSCI 经济学期刊发表的有关中国经济研究的论文，且论文的作者中至少有一个中国（包括香港、澳门和台湾）学者，文中所述"作者"、"机构"、"期刊"或"刊物"也是特指符合上述查询条件的论文的作者、机构、期刊或刊物，因此不仅有中国作者，也包括外国作者；不仅有中国机构，也有外国机构。本章图表中数据均来自 Web of Science 核心合集 SSCI 数据，或根据其数据整理得出。为了更好地把握我国经济学研究"走出去"的动态，在进行相关数据分析时，我们也选取了部分 2010～2014 年的数据进行比对。

二　SSCI 经济学期刊发表中国学者论文总体情况

1. 2015～2016 年 SSCI 经济学期刊发表中国学者论文总量分析

2015 年，来自 540 个研究机构的 1314 位中外学者在 152 种 SSCI 经济学期刊上共发表了 573 篇论文；2016 年，来自 578 个研究机构的 1527 位中外学者在144种SSCI经济学期刊上共发表了686篇论文。具体信息见表3-1、图3-1。

表3-1　2015～2016年SSCI经济学期刊发表中国学者论文情况

年份	篇数	机构数	作者数（含外国作者）	期刊数
2015	573	540	1314	152
2016	686	578	1527	144

资料来源：Web of Science核心合集SSCI数据。

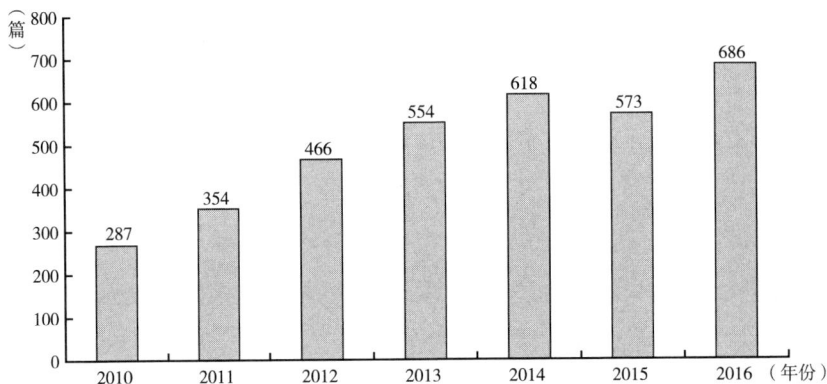

图3-1　2010～2016年SSCI经济学期刊发表中国学者论文数量

资料来源：Web of Science核心合集SSCI数据。

由以上数据可以看出，2010年以来，SSCI经济学期刊发表中国学者论文数量总体呈现上升趋势，尽管2015年发文数量较2014年有所下降，但2016年继续呈现出增长态势。

2. 2015～2016年SSCI经济学期刊发表中国学者论文期刊结构分析

自2010年以来，发表中国学者论文的SSCI经济学期刊数量也呈现出明显的增长趋势，并且在2015年出现大幅度增长，2016年比2015年略有下降，但仍明显高于2014年以前的期刊数量。平均每种期刊发文数量,除 2014 年和 2015 年出现波动外,近年来总体保持上升态势,如图 3 - 2 所示。

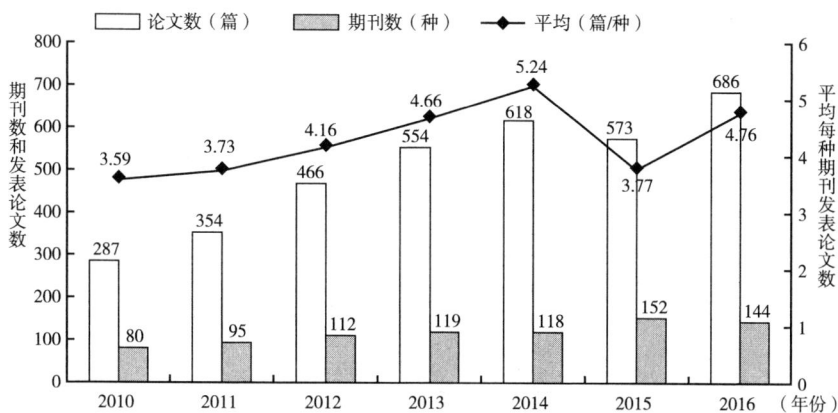

图 3 - 2　2010 ~ 2016 年发表中国学者论文的
SSCI 经济学期刊数量情况

资料来源:Web of Science 核心合集 SSCI 数据。

由表 3 - 2、表 3 - 3、图 3 - 3 的数据可以看出,2015 年中国学者在 SSCI 经济学期刊发表论文主要集中在少数刊物上,在 2015 年中国学者发表论文的 152 种 SSCI 经济学刊物中,只有 11 种刊物发表论文的数量超过或等于 10 篇,6 种刊物发表论文的数量超过 20 篇,3 种刊物发表论文的数量超过 30 篇,2 种刊物发表论文的数量超过 40 篇,1 种刊物发表论文的数量超过 50 篇,而多达 103 种刊物发表论文的数量只有 1 ~ 2 篇。ENERGY POLICY 以发表中国学者 51 篇论文位列榜首,占当年中国学者发表论文数的 8.901% ;排在第 2 位的是 CHINA ECONOMIC REVIEW,发表中国学者论文 46 篇,占当年中国学者发表论文数的 8.028% ;排在第 3 位的是 CHINA AGRICULTURAL ECONOMIC REVIEW,发表中国学者论文 31 篇,占当年中国学者发表论文数的 5.410% 。仅这 3 种刊物(占发表中国学者论文刊物的 1.97%)发表的论文就达到 128 篇,占当年中国学者发表论文数的 22.339%。而与此形成鲜明对比的是，25 种刊物（占发表中国学者论文刊物的 16.45%）一年均只发了中国学者 2 篇论文，78 种刊物（占发表中国学者论文刊物的 51.32%）一年均只发了中国学者 1 篇论文。

表 3 - 2　2015 年发表中国学者论文 3 篇及以上的 SSCI 经济学期刊

序号	期刊名	论文数（篇）	占比（%）
1	ENERGY POLICY	51	8.901
2	CHINA ECONOMIC REVIEW	46	8.028
3	CHINA AGRICULTURAL ECONOMIC REVIEW	31	5.410
4	ENERGY ECONOMICS	25	4.363
5	EMERGING MARKETS FINANCE AND TRADE	23	4.014
6	CHINA WORLD ECONOMY	22	3.839
7	APPLIED ECONOMICS	19	3.316
8	ECONOMIC MODELLING	12	2.094
9	ACTA OECONOMICA	11	1.920
10	JOURNAL OF COMPARATIVE ECONOMICS	11	1.920
11	INTERNATIONAL REVIEW OF ECONOMICS FINANCE	10	1.745
12	FOOD POLICY	9	1.571
13	JOURNAL OF BANKING FINANCE	9	1.571
14	COMPUTATIONAL ECONOMICS	8	1.396
15	JOURNAL OF TRANSPORT GEOGRAPHY	8	1.396
16	PACIFIC ECONOMIC REVIEW	8	1.396
17	REVIEW OF DEVELOPMENT ECONOMICS	8	1.396
18	APPLIED ECONOMICS LETTERS	7	1.222
19	ASIAN JOURNAL OF TECHNOLOGY INNOVATION	7	1.222
20	ECOLOGICAL ECONOMICS	7	1.222
21	WORLD DEVELOPMENT	7	1.222
22	WORLD ECONOMY	7	1.222

续表

序号	期刊名	论文数（篇）	占比（%）
23	JOURNAL OF AGRARIAN CHANGE	6	1.047
24	JOURNAL OF THE ASIA PACIFIC ECONOMY	6	1.047
25	AGRICULTURAL ECONOMICS ZEMEDELSKA EKONOMIKA	5	0.873
26	ECONOMIC DEVELOPMENT AND CULTURAL CHANGE	5	0.873
27	JOURNAL OF ASIAN ECONOMICS	5	0.873
28	JOURNAL OF ECONOMIC BEHAVIOR ORGANIZATION	5	0.873
29	TRANSPORTATION RESEARCH PART A POLICY AND PRACTICE	5	0.873
30	ECONOMIC SYSTEMS	4	0.698
31	JOURNAL OF DEVELOPMENT ECONOMICS	4	0.698
32	TOURISM ECONOMICS	4	0.698
33	ASIA PACIFIC JOURNAL OF ACCOUNTING ECONOMICS	3	0.524
34	ASIAN ECONOMIC PAPERS	3	0.524
35	CANADIAN JOURNAL OF AGRICULTURAL ECONOMICS REVUE CANADIENNE D AGROECONOMIE	3	0.524
36	CUSTOS E AGRONEGOCIO ON LINE	3	0.524
37	ECONOMIC SYSTEMS RESEARCH	3	0.524
38	ECONOMICS HUMAN BIOLOGY	3	0.524
39	ECONOMICS LETTERS	3	0.524
40	EMERGING MARKETS REVIEW	3	0.524
41	ENVIRONMENTAL RESOURCE ECONOMICS	3	0.524
42	HEALTH ECONOMICS	3	0.524
43	JOURNAL OF URBAN ECONOMICS	3	0.524
44	JOURNAL OF WORLD TRADE	3	0.524
45	QUANTITATIVE FINANCE	3	0.524
46	ROMANIAN JOURNAL OF ECONOMIC FORECASTING	3	0.524
47	TRANSPORT POLICY	3	0.524
48	TRANSPORTATION RESEARCH PART E: LOGISTICS AND TRANSPORTATION REVIEW	3	0.524
49	ZBORNIK RADOVA EKONOMSKOG FAKULTETA U RIJECI PROCEEDINGS OF RIJEKA FACULTY OF ECONOMICS	3	0.524

资料来源：Web of Science 核心合集 SSCI 数据。

表 3 - 3　2015 年 SSCI 经济学期刊发表中国学者论文数量分布情况

篇数	期刊数	占比（%）
50 及以上	1	0.66
40～49	1	0.66
30～39	1	0.66
20～29	3	1.97
10～19	5	3.29
5～9	18	11.84
3～4	20	13.16
2	25	16.45
1	78	51.32
合计	152	100.00

资料来源：Web of Science 核心合集 SSCI 数据。

根据表 3 - 4、表 3 - 5、图 3 - 4 显示的数据，2016 年中国学者发表的论文仍然集中在少数刊物上，在 2016 年中国学者发表论文的 144 种 SSCI 经济学刊物中，有 16 种刊物发表论文的数量超过或等于 10 篇，6 种刊物发表论文的数量超过 20 篇，5 种刊物发表论文的数量超过 30 篇，3 种刊物发表论文的数量超过 40 篇，2 种刊物发表论文的数量超过 50 篇，1 种刊物发表论文的数量超过 60 篇，91 种刊物发表论文的数量只有 1～2 篇。*ENERGY POLICY* 以发表中国学者 69 篇论文位列榜首，占当年中国学者发表论文数的 10.058%；排在第 2 位的是 *CHINA ECONOMIC REVIEW*，发表中国学者论文 58 篇，占当年中国学者发表论文数的 8.455%；排在第 3 位的是 *EMERGING MARKETS FINANCE AND TRADE*，发表中国学者论文 44 篇，占当年中国学者发表论文数的 6.414%，仅这 3 种刊物（占发表中国学者论文刊物的 2.08%）发表的论文就达到 171 篇，占当年中国学者发表论文数的 24.927%。和 2015 年情况相似，2016 年只发了中国学者

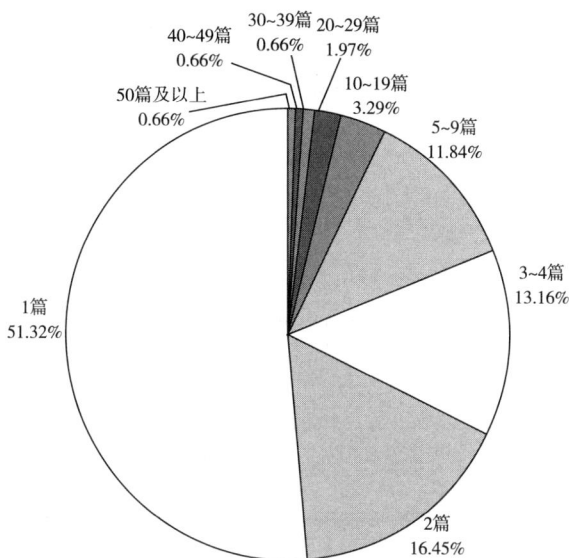

图 3 - 3　2015 年 SSCI 经济学期刊发表中国学者论文数量分布情况

资料来源：Web of Science 核心合集 SSCI 数据。

1 ~ 2 篇论文的刊物占大多数，其中 19 种刊物（占发表中国学者论文刊物的 13.19%）一年只发了中国学者 2 篇论文，72 种刊物（占发表中国学者论文刊物的 50%）一年只发了中国学者 1 篇论文。

中国学者发表论文的 SSCI 经济学期刊中，2015 年和 2016 年均有 50% 左右的刊物只发表了中国学者 1 篇论文。

表 3 - 4　2016 年发表中国学者论文 3 篇及以上的 SSCI 经济学期刊

序号	期刊名	论文数（篇）	占比（%）
1	ENERGY POLICY	69	10.058
2	CHINA ECONOMIC REVIEW	58	8.455
3	EMERGING MARKETS FINANCE AND TRADE	44	6.414
4	APPLIED ECONOMICS	31	4.519

续表

序号	期刊名	论文数（篇）	占比（%）
5	CHINA AGRICULTURAL ECONOMIC REVIEW	31	4.519
6	CHINA WORLD ECONOMY	27	3.936
7	ENERGY ECONOMICS	19	2.770
8	INTERNATIONAL REVIEW OF ECONOMICS FINANCE	19	2.770
9	REVIEW OF DEVELOPMENT ECONOMICS	17	2.478
10	JOURNAL OF TRANSPORT GEOGRAPHY	14	2.041
11	TRANSPORT POLICY	14	2.041
12	ECONOMIC MODELLING	13	1.895
13	ECONOMICS LETTERS	13	1.895
14	TRANSPORTATION RESEARCH PART A POLICY AND PRACTICE	13	1.895
15	WORLD DEVELOPMENT	13	1.895
16	ENERGY JOURNAL	10	1.458
17	JOURNAL OF HOUSING ECONOMICS	9	1.312
18	AGRICULTURAL ECONOMICS	8	1.166
19	JOURNAL OF COMPARATIVE ECONOMICS	8	1.166
20	JOURNAL OF DEVELOPMENT ECONOMICS	8	1.166
21	APPLIED ECONOMICS LETTERS	7	1.020
22	JOURNAL OF THE ASIA PACIFIC ECONOMY	7	1.020
23	PACIFIC ECONOMIC REVIEW	7	1.020
24	REGIONAL SCIENCE AND URBAN ECONOMICS	6	0.875
25	ASIAN ECONOMIC PAPERS	5	0.729
26	ASIAN JOURNAL OF TECHNOLOGY INNOVATION	5	0.729
27	CAMBRIDGE JOURNAL OF REGIONS ECONOMY AND SOCIETY	5	0.729
28	ECOLOGICAL ECONOMICS	5	0.729
29	ECONOMICS OF TRANSITION	5	0.729
30	EMERGING MARKETS REVIEW	5	0.729
31	HEALTH ECONOMICS	5	0.729
32	ECONOMIC DEVELOPMENT AND CULTURAL CHANGE	4	0.583

续表

序号	期刊名	论文数 （篇）	占比 （%）
33	ECONOMIC SYSTEMS	4	0.583
34	ECONOMIC SYSTEMS RESEARCH	4	0.583
35	JOURNAL OF BANKING FINANCE	4	0.583
36	JOURNAL OF ENVIRONMENTAL ECONOMICS AND MANAGEMENT	4	0.583
37	PAPERS IN REGIONAL SCIENCE	4	0.583
38	REGIONAL STUDIES	4	0.583
39	ROMANIAN JOURNAL OF ECONOMIC FORECASTING	4	0.583
40	TOURISM ECONOMICS	4	0.583
41	WORLD ECONOMY	4	0.583
42	AUSTRALIAN ECONOMIC PAPERS	3	0.437
43	CUSTOS E AGRONEGOCIO ON LINE	3	0.437
44	ECONOMICS THE OPEN ACCESS OPEN ASSESSMENT E JOURNAL	3	0.437
45	FOOD POLICY	3	0.437
46	GLOBAL ECONOMIC REVIEW	3	0.437
47	JOURNAL OF AGRICULTURAL ECONOMICS	3	0.437
48	JOURNAL OF ECONOMIC BEHAVIOR ORGANIZATION	3	0.437
49	JOURNAL OF FOREST ECONOMICS	3	0.437
50	JOURNAL OF INTERNATIONAL ECONOMICS	3	0.437
51	NORTH AMERICAN JOURNAL OF ECONOMICS AND FINANCE	3	0.437
52	SINGAPORE ECONOMIC REVIEW	3	0.437
53	TRANSPORTATION RESEARCH PART E：LOGISTICS AND TRANSPORTATION REVIEW	3	0.437

资料来源：Web of Science 核心合集 SSCI 数据。

表 3 - 5　2016 年 SSCI 经济学期刊发表中国学者论文数量分布情况

篇数	期刊数	占比（%）
60 及以上	1	0.69
50 ~ 59	1	0.69
40 ~ 49	1	0.69
30 ~ 39	2	1.39
20 ~ 29	1	0.69

续表

篇数	期刊数	占比（％）
10 ~ 19	10	6. 94
5 ~ 9	15	10. 42
3 ~ 4	22	15. 28
2	19	13. 19
1	72	50. 00
合计	144	100. 00

资料来源：Web of Science 核心合集 SSCI 数据。

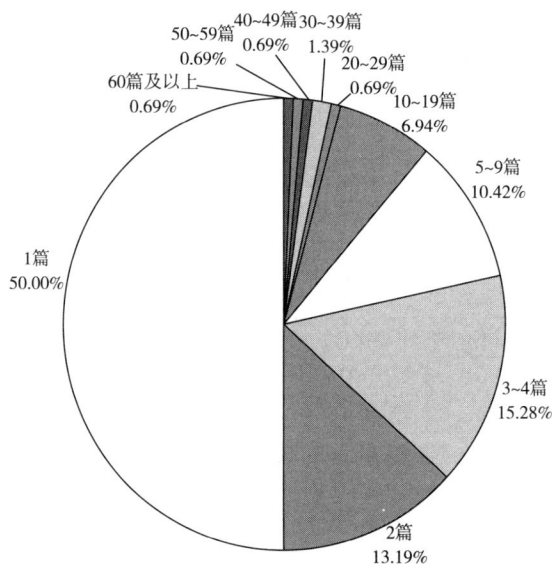

图 3 - 4　2016 年 SSCI 经济学期刊发表中国学者论文数量分布情况

资料来源：Web of Science 核心合集 SSCI 数据。

三　从发表论文的机构看中国经济学研究"走出去"

1. 2015 ~ 2016 年 SSCI 经济学期刊发表中国经济研究论文机构的数量分析

数据显示，2010 年以来，SSCI 经济学期刊发表中国经济研究的论文涉及的研究机构数量不断上升，每个机构平均每年发表论文1篇左右且稳中有升，表明有越来越多的机构致力于中国经济研究，中国经济学研究"走出去"呈现出不断增强的趋势，见表3－6、图3－5。

表 3 － 6　2010 ～ 2016 年在 SSCI 经济学期刊上发表

中国经济研究论文机构数量

年份	2010	2011	2012	2013	2014	2015	2016
机构数(个)	290	328	412	476	534	540	578
论文数(篇)	287	354	466	554	618	573	686
平均(篇/个)	0.99	1.08	1.13	1.16	1.16	1.06	1.19

资料来源：Web of Science 核心合集 SSCI 数据。

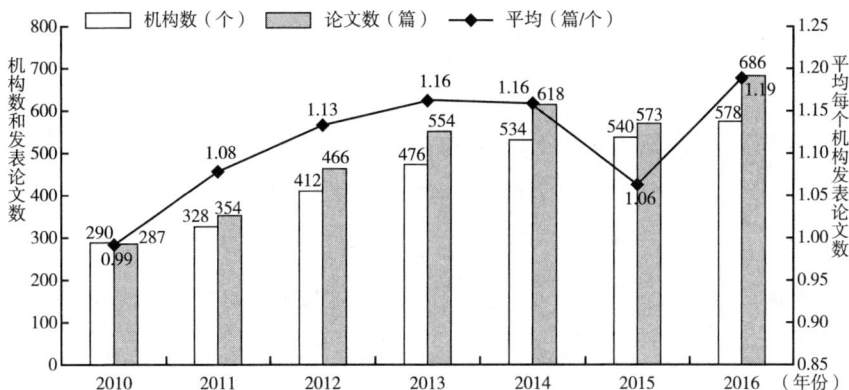

图 3 － 5　2010 ～ 2016 年在 SSCI 经济学期刊上发表

中国经济研究论文机构数量

资料来源：Web of Science 核心合集 SSCI 数据。

2. 2015 ～ 2016 年 SSCI 经济学期刊发表中国经济研究论文机构的结构分析

从表 3 － 7 和表 3 － 8 的数据来看，北京大学、清华大学、中国人民大学、中央财经大学、中国科学院、复旦大学、对外经济贸易大学、厦门大学、北京师范大学、浙江大学、西南财经大学在 2015 年和 2016 年均进入在 SSCI 经济学期刊上发文前十名（表 3 - 7 和表 3 - 8 中用 * 标出的机构）。2015 年进入前十的机构中，仅有上海交通大学（2015 年发文 16 篇，位列第十）在 2016 年没有进入前十，但也以发文 18 篇位列第十一，可见这两年在 SSCI 经济学期刊上发文数排名前十的中国机构没有出现太大的变化。同时有 31 个中国机构和 1 所美国大学、1 所新加坡大学共 33 个机构（表 3 - 7 和表 3 - 8 中用 * 标出的机构和用#标出的机构）在 2015 年和 2016 年均进入排名前二十，这些机构除中国科学院外，均为大学。从排名靠前的机构发文占全年中国学者发文数量的比重来看，2015 年排名第一的北京大学发文 40 篇，占当年发文数量的 6.981%；排名第十的上海交通大学和西南财经大学发文 16 篇，占当年发文数量的 2.792%；排名前十的机构共有 12 个。排名第二十的机构发文 6 篇，占当年发文数量的 1.047%，共有 41 个机构进入排名前二十。2016 年排名第一的北京大学发文 62 篇，占当年发文数量的 9.038%；排名第十的浙江大学发文 19 篇，占当年发文数量的 2.770%；排名前十的机构共有 13 个。排名第二十的机构发文 8 篇，占当年发文数量的 1.166%，共有 44 个机构进入排名前二十。可见，2015 ~ 2016 年在 SSCI 经济学期刊上发文排名前二十的机构数量变化不大，但排在相同位次的机构的发文数量和占当年发文总量的比重却有所提升。

表 3 - 7　2015 年在 SSCI 经济学期刊上发表论文数排名前二十的机构

排名	机构	论文数（篇）	占比（%）
1	* 北京大学（PEKING UNIV）	40	6.981
2	* 中央财经大学（CENT UNIV FINANCE ECON）	39	6.806
3	* 中国人民大学（RENMIN UNIV CHINA）	37	6.457
4	* 中国科学院（CHINESE ACAD SCI）	35	6.108

续表

排名	机构	论文数（篇）	占比（%）
5	*清华大学（TSINGHUA UNIV）	29	5.061
6	*厦门大学（XIAMEN UNIV）	28	4.887
7	*复旦大学（FUDAN UNIV）	21	3.665
	*对外经济贸易大学（UNIV INT BUSINESS ECON）	21	3.665
8	*浙江大学（ZHEJIANG UNIV）	20	3.490
9	*北京师范大学（BEIJING NORMAL UNIV）	17	2.967
10	#上海交通大学（SHANGHAI JIAO TONG UNIV）	16	2.792
	*西南财经大学（SOUTHWESTERN UNIV FINANCE ECON）	16	2.792
11	#武汉大学（WUHAN UNIV）	15	2.618
12	#上海财经大学（SHANGHAI UNIV FINANCE ECON）	14	2.443
13	#中国农业大学（CHINA AGR UNIV）	13	2.269
	#香港中文大学（CHINESE UNIV HONG KONG）	13	2.269
14	#暨南大学（JINAN UNIV）	12	2.094
15	#湖南大学（HUNAN UNIV）	11	1.920
	#南京大学（NANJING UNIV）	11	1.920
	#斯坦福大学（STANFORD UNIV）	11	1.920
	#中山大学（SUN YAT SEN UNIV）	11	1.920
16	#北京理工大学（BEIJING INST TECHNOL）	10	1.745
	#南京农业大学（NANJING AGR UNIV）	10	1.745
	#南开大学（NANKAI UNIV）	10	1.745
17	#中国社会科学院（CHINESE ACAD SOCIAL SCI）	9	1.571
	山东大学（SHANDONG UNIV）	9	1.571
18	#香港理工大学（HONG KONG POLYTECH UNIV）	8	1.396
	#香港科技大学（HONG KONG UNIV SCI TECHNOL）	8	1.396
19	香港浸会大学（HONG KONG BAPTIST UNIV）	7	1.222
	#江西财经大学（JIANGXI UNIV FINANCE ECON）	7	1.222
	国民经济研究局（NBER）	7	1.222
	#陕西师范大学（SHAANXI NORMAL UNIV）	7	1.222
	苏州大学（SOOCHOW UNIV）	7	1.222

续表

排名	机构	论文数（篇）	占比（%）
20	安徽财经大学（ANHUI UNIV FINANCE ECON）	6	1.047
	中国石油大学（CHINA UNIV PETR）	6	1.047
	河南大学（HENAN UNIV）	6	1.047
	闽江学院（MINJIANG UNIV）	6	1.047
	#新加坡国立大学（NATL UNIV SINGAPORE）	6	1.047
	#中国海洋大学（OCEAN UNIV CHINA）	6	1.047
	#四川大学（SICHUAN UNIV）	6	1.047
	#香港大学（UNIV HONG KONG）	6	1.047

资料来源：Web of Science 核心合集 SSCI 数据。

表 3-8 2016 年在 SSCI 经济学期刊上发表论文数排名前二十的机构

排名	机构	论文数（篇）	占比（%）
1	*北京大学（PEKING UNIV）	62	9.038
2	*中国人民大学（RENMIN UNIV CHINA）	59	8.601
3	*清华大学（TSINGHUA UNIV）	45	6.560
4	*中央财经大学（CENT UNIV FINANCE ECON）	35	5.102
	*中国科学院（CHINESE ACAD SCI）	35	5.102
5	*厦门大学（XIAMEN UNIV）	33	4.810
6	*西南财经大学（SOUTHWESTERN UNIV FINANCE ECON）	31	4.519
7	*北京师范大学（BEIJING NORMAL UNIV）	24	3.499
8	*复旦大学	22	3.207
9	#中国农业大学（CHINA AGR UNIV）	20	2.915
	#暨南大学（JINAN UNIV）	20	2.915
	*对外经济贸易大学（UNIV INT BUSINESS ECON）	20	2.915
10	*浙江大学（ZHEJIANG UNIV）	19	2.770
11	#上海交通大学（SHANGHAI JIAO TONG UNIV）	18	2.624
	#上海财经大学（SHANGHAI UNIV FINANCE ECON）	18	2.624
12	#香港中文大学（CHINESE UNIV HONG KONG）	17	2.478
	#斯坦福大学（STANFORD UNIV）	17	2.478

续表

排名	机构	论文数（篇）	占比（%）
13	#陕西师范大学（SHAANXI NORMAL UNIV）	15	2.187
14	#南京大学（NANJING UNIV）	14	2.041
15	#新加坡国立大学（NATL UNIV SINGAPORE）	13	1.895
16	北京航空航天大学（BEIHANG UNIV）	12	1.749
17	#香港科技大学（HONG KONG UNIV SCI TECHNOL）	11	1.603
17	#南开大学（NANKAI UNIV）	11	1.603
17	华北电力大学（NORTH CHINA ELECT POWER UNIV）	11	1.603
17	#中山大学（SUN YAT SEN UNIV）	11	1.603
17	世界银行（WORLD BANK）	11	1.603
17	西安交通大学（XI AN JIAO TONG UNIV）	11	1.603
18	香港城市大学（CITY UNIV HONG KONG）	10	1.458
18	#香港理工大学（HONG KONG POLYTECH UNIV）	10	1.458
18	#湖南大学（HUNAN UNIV）	10	1.458
19	#北京理工大学（BEIJING INST TECHNOL）	9	1.312
19	大连理工大学（DALIAN UNIV TECHNOL）	9	1.312
19	#江西财经大学（JIANGXI UNIV FINANCE ECON）	9	1.312
19	#南京农业大学（NANJING AGR UNIV）	9	1.312
19	#中国海洋大学（OCEAN UNIV CHINA）	9	1.312
19	#武汉大学（WUHAN UNIV）	9	1.312
20	首都经济贸易大学（CAPITAL UNIV ECON BUSINESS）	8	1.166
20	中国矿业大学（CHINA UNIV MIN TECHNOL）	8	1.166
20	#中国社会科学院（CHINESE ACAD SOCIAL SCI）	8	1.166
20	#四川大学（SICHUAN UNIV）	8	1.166
20	同济大学（TONGJI UNIV）	8	1.166
20	加州大学伯克利分校（UNIV CALIF BERKELEY）	8	1.166
20	#香港大学（UNIV HONG KONG）	8	1.166
20	中南财经政法大学（ZHONGNAN UNIV ECON LAW）	8	1.166

资料来源：Web of Science 核心合集 SSCI 数据。

　　根据表3-9、图3-6和表3-10、图3-7中的数据，2015年在SSCI经济学期刊发表中国经济研究论文10篇以上的机构有24个，占当年在 SSCI 经济学期刊发表中国经济研究论文的机构总量的 4.44%。发表 2 篇论文的机构有 84 个，占当年在 SSCI 经济学期刊发表中国经济研究论文的机构总量的 15.56%。而只发表 1 篇论文的机构多达 354 个，占当年在 SSCI 经济学期刊发表中国经济研究论文的机构总量的 65.56%。2016 年的情况与 2015 年极为相似，在 SSCI 经济学期刊发表中国经济研究论文 10 篇以上的机构有 30 个，占当年在 SSCI 经济学期刊发表中国经济研究论文的机构总量的 5.19%。发表 2 篇论文的机构有 87 个，占当年在 SSCI 经济学期刊发表中国经济研究论文的机构总量的 15.05%。而只发表 1 篇论文的机构数量最多，共 362 个，占当年在 SSCI 经济学期刊发表中国经济研究论文的机构总量的 62.63%。这些数据反映出 2015～2016 年 SSCI 经济学期刊发表的中国经济研究论文主要来自少数机构，60% 以上的机构一年只发表了 1 篇论文，具有非常显著的集中趋势。

**表 3-9　2015 年在 SSCI 经济学期刊发表中国经济
研究论文的机构发表论文数量分布**

篇数	机构数	占比（%）
40 及以上	1	0.19
30～39	3	0.56
20～29	5	0.93
10～19	15	2.78
5～9	30	5.56
3～4	48	8.89
2	84	15.56
1	354	65.56
合计	540	100.00

资料来源：Web of Science 核心合集 SSCI 数据。

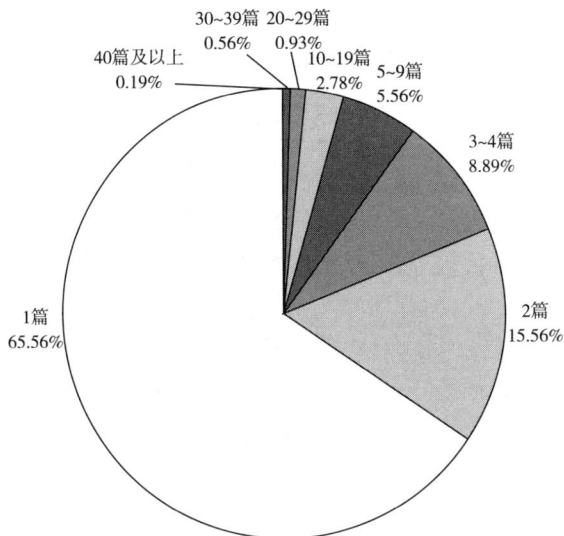

图 3 - 6　2015 年在 SSCI 经济学期刊发表中国经济
研究论文的机构发表论文数量分布

资料来源：Web of Science 核心合集 SSCI 数据。

表 3 - 10　2016 年在 SSCI 经济学期刊发表中国经济研究
论文的机构发表论文数量分布

篇数	机构数	占比（%）
60 及以上	1	0. 17
50 ~ 59	1	0. 17
40 ~ 49	1	0. 17
30 ~ 39	4	0. 69
20 ~ 29	5	0. 87
10 ~ 19	18	3. 11
5 ~ 9	39	6. 75
3 ~ 4	60	10. 38
2	87	15. 05
1	362	62. 63
合 计	578	100. 00

资料来源：Web of Science 核心合集 SSCI 数据。

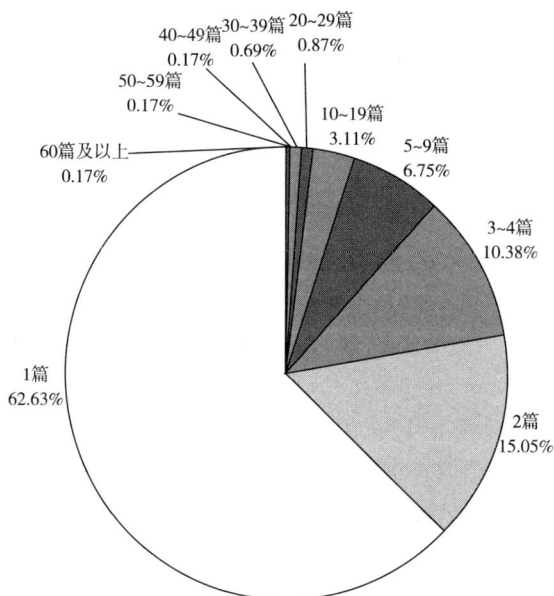

图 3 - 7　2016 年在 SSCI 经济学期刊发表中国经济

研究论文的机构发表论文数量分布

资料来源：Web of Science 核心合集 SSCI 数据。

四　从发表论文的作者看中国经济学研究"走出去"

1. 2015 ~ 2016年在 SSCI 经济学期刊发表中国经济研究论文的作者数量分析

根据表 3 - 11 的数据，自 2010 年以来，在 SSCI 经济学期刊发表中国经济研究论文的作者人数总体呈上升趋势，2015 年略有下降，2016 年又出现比较大的增长，这表明有越来越多的中外学者关注中国经济研究。从图 3 - 8 可以看出，人均论文数量在 2010 ~ 2016 年呈现波动，保持在 0.42 ~ 0.45，即平均每篇论文的作者在 2.3 人左右，表明在 SSCI 经济学期刊发表的中国经济研究的论文多是团队合作的成果。

表 3 − 11　2010 ～ 2016 年在 SSCI 经济学期刊发表

中国经济研究论文的作者数量

年份	论文数（篇）	作者数（人）	平均（篇/人）
2010	287	675	0.4252
2011	354	817	0.4333
2012	466	1038	0.4489
2013	554	1275	0.4345
2014	618	1383	0.4469
2015	573	1314	0.4361
2016	686	1527	0.4492

资料来源：Web of Science 核心合集 SSCI 数据。

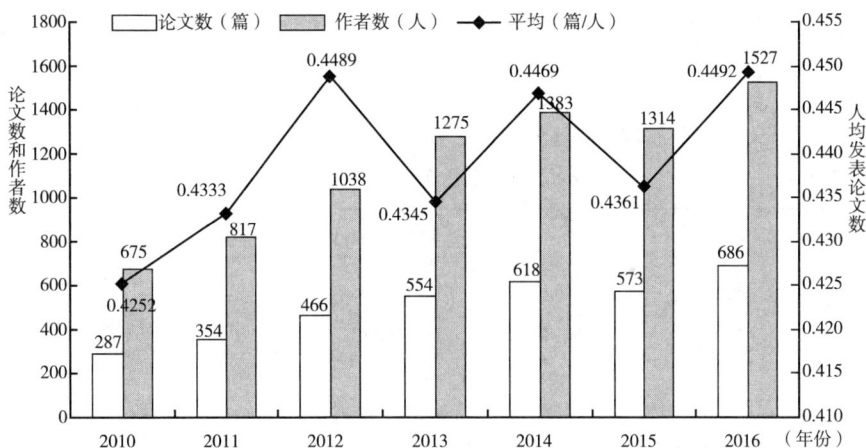

图 3 − 8　2010 ～ 2016 年在 SSCI 经济学期刊发表

中国经济研究论文的作者数量

资料来源：Web of Science 核心合集 SSCI 数据。

2. 2015 ～ 2016 年在 SSCI 经济学期刊发表中国经济研究论文的作者结构

分析

根据表 3 − 12、图 3 − 9 和表 3 − 13、图 3 − 10 中的数据，2015 年

和 2016 年在 SSCI 经济学期刊发表中国经济研究论文的作者中，只发表了 1 篇相关论文的作者占比分别是 81.81% 和 80.09%，发表 2 篇相关论文的作者占比分别是 12.18% 和 12.84%，即发表 1～2 篇相关论文的作者占比分别是 93.99% 和 92.93%。而发表 10 篇及以上相关论文的作者占比分别是 0.15% 和 0.20%，发表 5 篇及以上相关论文的作者占比分别是 0.91% 和 1.90%。这些数据表明中外学者在 SSCI 经济学期刊发文情况极其不均衡，主要集中于少数几个学者。如果考虑到重名（如系统中显示作者 Zhang J 发表 6 篇论文，实则作者 Zhang Jie 1 篇，Zhang Jin 1 篇，Zhang Jian 2 篇，Zhang Jing 2 篇），每年在 SSCI 经济学期刊发表中国经济学研究论文 5 篇以上的作者少之又少，而发表 1～2 篇相关论文的作者占比则会高于根据表 3 - 12 和表 3 - 13 计算出来的 93.99% 和 92.93%。

表 3 - 12　2015 年在 SSCI 经济学期刊发表中国
经济研究论文的作者发表论文数量

论文数（篇）	作者数（人）	占作者总人数比重（%）
12	1	0.08
10	1	0.08
8	1	0.08
7	2	0.15
6	1	0.08
5	6	0.46
4	14	1.07
3	53	4.03
2	160	12.18
1	1075	81.81
合计	1314	100.00

资料来源：Web of Science 核心合集 SSCI 数据。

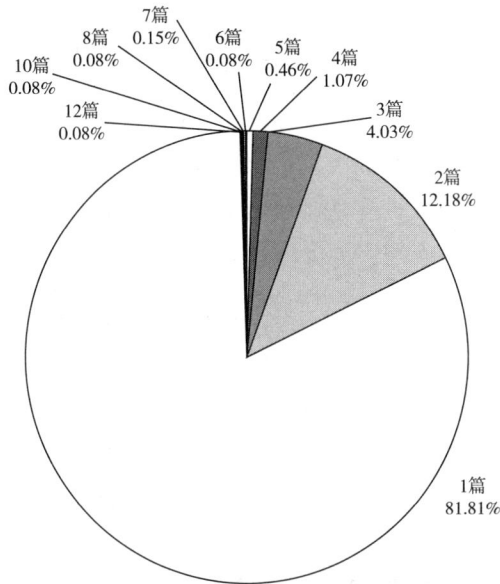

图 3 – 9　2015 年在 SSCI 经济学期刊发表中国经济
研究论文的作者发表论文数量

资料来源：Web of Science 核心合集 SSCI 数据。

表 3 – 13　2016 年在 SSCI 经济学期刊发表中国经济研究
论文的作者发表论文数量

论文数(篇)	作者数(人)	占作者总人数比重(%)
12	1	0.07
10	2	0.13
9	1	0.07
8	2	0.13
7	3	0.20
6	4	0.26
5	16	1.05
4	20	1.31
3	59	3.86
2	196	12.84
1	1223	80.09
合计	1527	100.00

资料来源：Web of Science 核心合集 SSCI 数据。

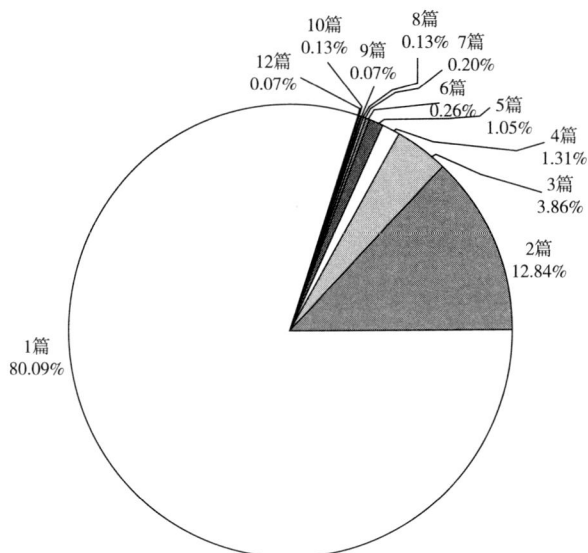

图 3 - 10　2016 年在 SSCI 经济学期刊发表中国经济研究论文的
作者发表论文数量

资料来源：Web of Science 核心合集 SSCI 数据。

2015 年有 7 位中国学者和 1 位美国学者在 SSCI 经济学期刊发表中国经济学研究论文 5 篇及以上，这 8 位学者发文 57 篇，占当年发文总量的 9.948%；2016 年有 9 位中国学者、2 位美国学者和 1 位澳大利亚学者在 SSCI 经济学期刊发表中国经济学研究论文 5 篇及以上，这 12 位学者发文 76 篇，占当年发文总量的 11.079%。具体信息见表 3 - 14、表 3 - 15。

表 3 - 14　2015 年在 SSCI 经济学期刊发表中国经济
研究论文 5 篇及以上的作者

序号	作者	单位	论文篇数	占发文总量比重（%）
1	ZHANG LX（张林秀）	中国科学院	12	2.094
2	LIN BQ（林伯强）	厦门大学	10	1.745
3	ROZELLE S（Rozelle，Scott）	斯坦福大学（美国）	8	1.396
4	SHI YJ（史耀疆）	陕西师范大学	7	1.222

续表

序号	作者	单位	论文篇数	占发文总量比重（%）
5	DU LM（杜立民）	浙江大学	5	0.873
6	FAN Y（范英）	中国科学院/北京航空航天大学	5	0.873
7	WEI C（魏楚）	中国人民大学	5	0.873
8	ZHU KF（祝昆福）	中国科学院/对外经济贸易大学	5	0.873
合计			57	9.948

资料来源：Web of Science 核心合集 SSCI 数据。

表 3 - 15　2016 年在 SSCI 经济学期刊发表中国经济研究论文 5 篇及以上的作者

序号	作者	单位	论文篇数	占发文总量比重（%）
1	ZHANG LX（张林秀）	中国科学院	9	1.312
2	SHI YJ（史耀疆）	陕西师范大学	9	1.312
3	LIN BQ（林伯强）	厦门大学	8	1.166
4	FAN Y（范英）	北京航空航天大学	7	1.020
5	ROZELLE S（Rozelle，Scott）	斯坦福大学（美国）	7	1.020
6	HUANG JK（黄季焜）	北京大学/中国科学院	6	0.875
7	CHAN KC（Chan，Kam C. 陈锦泉）	西肯塔基大学（美国）	5	0.729
8	HU C（胡翠）	中央财经大学	5	0.729
9	SU CW（Su，Chi-Wei 苏志伟）	中国海洋大学	5	0.729
10	WU YR（Wu，Yanrui）	西澳大学（澳大利亚）	5	0.729
11	ZHAO DT（赵定涛）	中国科学技术大学	5	0.729
12	ZHENG SQ（郑思齐）	清华大学	5	0.729
合计			76	11.079

资料来源：Web of Science 核心合集 SSCI 数据。

五 从 SSCI 经济学期刊发表的中国经济研究论文的影响力看中国经济学研究"走出去"

论文发表后，如果价值大、水平高，就会被其他学者越来越多地引用。因此，论文被引用情况代表了研究成果被他人、被社会认可和重视的程度，或者说反映了论文作者的学术水平和影响力。由于论文被引用的滞后性，新近发表的论文的总被引频次、篇均被引频次均会低于较早发表的论文，不过当年被引频次却可以在相当程度上反映当年发表论文的学术影响力。

1. 2010~2016年 SSCI 经济学期刊发表中国学者论文被引用的数量分析

表 3-16、图 3-11 中的数据显示，随着论文发表数量的增加，当年被引用的频次总体上是增加的，但具有一定的波动性，当年篇均被引频次在 2010 年以后呈现波动中增长的态势，在 2016 年出现较大增长。

表 3-16　2010~2016 年 SSCI 经济学期刊发表中国学者论文被引频次

年份	发表论文数	当年被引频次	当年篇均被引频次
2010	287	124	0.43
2011	354	103	0.29
2012	466	121	0.26
2013	554	142	0.26
2014	618	203	0.33
2015	573	179	0.31
2016	686	266	0.39

资料来源：Web of Science 核心合集 SSCI 数据。

2. 2015~2016年 SSCI 经济学期刊发表中国学者论文被引用的结构分析

根据表 3-17、图 3-12 和表 3-18、图 3-13 中的数据，2015年 SSCI 经济学期刊发表的中国学者论文当年被引最高频次为 5 次，

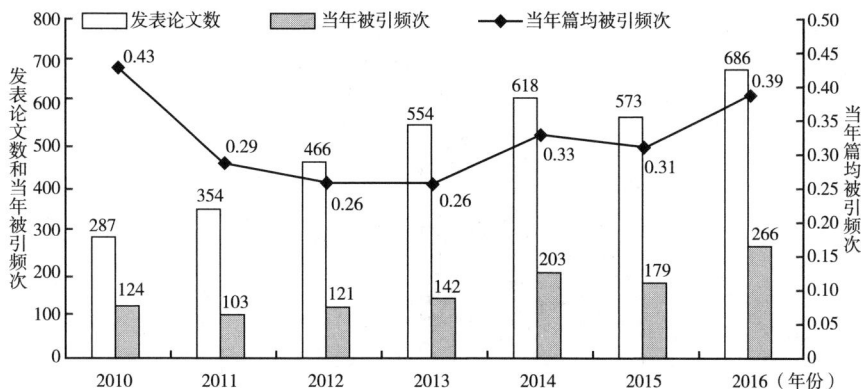

图 3 – 11　2010 ~ 2016 年 SSCI 经济学期刊发表中国学者论文被引频次

资料来源：Web of Science 核心合集 SSCI 数据。

涉及 2 篇论文，2016 年为 8 次，涉及 1 篇论文。另外 2016 年共有 6 篇论文当年被引频次达到 5 次及以上，说明 2016 年 SSCI 经济学期刊发表的中国学者的论文引起的关注度高于 2015 年。同时我们也看到，当年被引频次为 0 的论文，2015 年有 462 篇，占当年发文总量的 80.63%，2016 年有 518 篇，占当年发文总量的 75.51%。2015 年和 2016 年均有 92% 以上的论文当年被引频次为 1 或 0，这说明 SSCI 经济学期刊发表的中国经济研究论文当年普遍不被关注。

表 3 – 17　2015 年 SSCI 经济学期刊发表中国学者论文当年被引频次分布

当年被引频次	论文数（篇）	占当年发文比重（%）
0	462	80.63
1	72	12.57
2	20	3.49
3	11	1.92
4	6	1.05
5	2	0.35
合计	573	100.00

资料来源：Web of Science 核心合集 SSCI 数据。

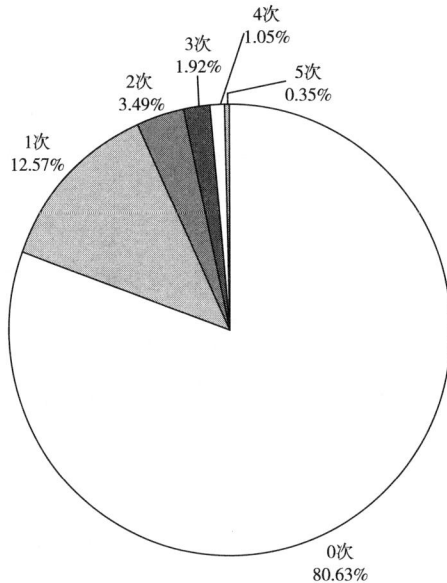

图 3 - 12   2015 年 SSCI 经济学期刊发表中国学者论文当年被引频次分布

资料来源：Web of Science 核心合集 SSCI 数据。

表 3 - 18   2016 年 SSCI 经济学期刊发表中国学者论文当年被引频次分布

当年被引频次	论文数（篇）	占当年发文比重（％）
0	518	75. 51
1	117	17. 06
2	26	3. 79
3	14	2. 04
4	5	0. 73
5	3	0. 44
6	2	0. 29
8	1	0. 15
合计	686	100. 00

资料来源：Web of Science 核心合集 SSCI 数据。

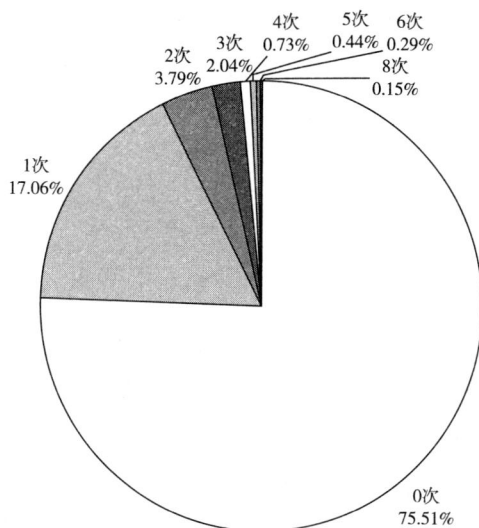

**图 3 - 13　2016 年 SSCI 经济学期刊发表中国
学者论文当年被引频次分布**

资料来源：Web of Science 核心合集 SSCI 数据。

六　结语

1. 中国经济学研究"走出去"不断向前推进

改革所带来的经济学研究的日益繁荣和开放所引发的国际学术交流的不断扩大与深入，使中国经济学研究者迅速了解国际经济学研究的前沿课题，逐步掌握国际经济学的最新研究方法、规范化学术语言和国际化成果发表渠道，这必然推动越来越多的中国经济学研究成果被国际经济学期刊录用和发表。

中国发展的巨大成就，也日益引起国际社会的广泛关注，2015年和 2016 年在 SSCI 经济学期刊发表中国经济研究论文数排名前二十的机构中均出现了外国机构或国际机构：2015 年有 3 个外国机构进入前二十，分别是美国斯坦福大学以发文 11 篇排第 15 位，美国国民经济研究局发文 7 篇，排第 19 位，新加坡国立大学发文 6 篇，排第 20 位；2016 年有 3 个外国机构和 1 个国际机构进入前二十，分别是美国斯坦福大学以发文 17 篇排第 12 位，新加坡国立大学发文 13 篇，排第 15 位，世界银行发文 11 篇，排第 17 位，美国加州大学伯克利分校发文 8 篇，排第 20 位。2015 年和 2016 年在 SSCI 经济学期刊发表中国经济研究论文 5 篇及以上的作者屈指可数，但这其中也出现了外国学者：2015 年，美国斯坦福大学的学者 Rozelle，Scott 发表 8 篇论文；2016 年 Rozelle，Scott 发表 7 篇论文，美国西肯塔基大学的学者 Chan，Kam C. 和澳大利亚西澳大学的学者 Wu，Yanrui 均发表 5 篇论文。越来越多的国外学者和机构与中国学者和机构合作开展经济学研究，进一步推动了中国经济学研究"走出去"。

2. 中国经济学研究"走出去"的不平衡性依然突出

改革开放以来，我国取得了举世瞩目的发展成就，经济总量已位居世界第二，但并没有改变我国仍处于社会主义初级阶段的基本国情，并没有改变我国仍是世界上最大的发展中国家的国际地位。作为一个处于社会主义初级阶段的发展中国家，一个重要特点就是发展的不平衡性，当前中国经济学研究"走出去"也体现了这种不平衡性。虽然我国有越来越多的经济学研究机构和学者的研究成果逐步在国际经济学界占有一席之地，但主要集中于少数研究机构和少数学者。从发表论文的研究机构看，2015 ～ 2016 年，在 SSCI 经济学期刊发表中国经济研究论文的研究机构中，80% 左右的机构只发表了 1 ～ 2 篇论文，而发表 10 篇以上论文的机构只有 5% 左右，主要是北京大学、中国科学院、中国人民大学、清华大学和中央财经大学等少数研究机构。从发表论文的学者的情况来看，2015 年和 2016 年，在 SSCI 经济学期刊发表中国经济研究论文最多的三位中国学者分别是中国科学院的张林秀、厦门大学的林伯强和陕西师范大学的史耀疆。2015 年中国科学院在 SSCI 经济学期刊发表中国经济研究论文 35 篇，张林秀贡献了 12 篇，厦门大学发表 28 篇，林伯强贡献了 10 篇，而陕西师范大学发表 7 篇，全部来自史耀疆；2016 年中国科学院在 SSCI 经济学期刊发表中国经济研究论文 35 篇，张林秀贡献了 9 篇，厦门大学发表 33 篇，林伯强贡献了 8 篇，陕西师范大学发表 15 篇，其中 9 篇来自史耀疆。与此形成鲜明对照的是，2015～2016 年，在 SSCI 经济学期刊发表中国经济研究论文的作者中，93％左右的作者只发文 1～2 篇。可见，中国经济学研究"走出去"在人员、机构方面都严重失衡，这种失衡的状况不利于中国经济学研究"走出去"的可持续发展。

3. 中国经济学研究"走出去"的不充分性依然突出

伴随着越来越多的中国学者在 SSCI 经济学期刊上发表论文，论文数量也呈增长态势，中国经济学研究"走出去"的广度无疑呈现扩大趋势，但深度仍有待提高，不充分性依然突出。一个突出表现就是中国学者在 SSCI 经济学期刊发表论文的被引频次偏低，2015～2016 年，3/4 以上的论文当年被引频次为 0，九成以上的论文当年被引频次为 0 或 1。另一个突出表现是登载中国学者论文的 SSCI 经济学期刊集中于为数不多的几种刊物。2015～2016 年，登载中国学者论文的 SSCI 经济学期刊有 150 种左右，其中登载中国学者论文最多的是 *ENERGY POLICY*，*CHINA ECONOMIC REVIEW*，*CHINA AGRICULTURAL ECONOMIC REVIEW*，*ENERGY ECONOMICS*，*EMERGING MARKETS FINANCE AND TRADE*，*CHINA WORLD ECONOMY*，*APPLIED ECONOMICS*，中国学者在 SSCI 经济学期刊发表的中国经济研究论文中 40％左右发表在这 7 种刊物上，而登载中国学者论文的 SSCI 经济学期刊中有 50％左右一年只发表中国学者 1 篇论文。上述情况表明，我国经济学研究的国际影响力依然不大，这与我国在世界经济中的地位极不匹配，我国从世界经济中心成长为世界经济研究中心还有很长的路要走。

从总体态势来看，伴随着中国经济学研究的"走出去"，中国经济研究的国际影响力明显提升，但是与伟大时代的要求还相距甚远。习近平总书记在哲学社会科学工作座谈会上指出："我们不仅要让世界知道'舌尖上的中国'，还要让世界知道'学术中的中国'、'理论中的中国'、'哲学社会科学中的中国'"，中国经济学家还需要付出更多努力，以中国现实经济问题为导向，对中国经济发展经验、发展模式和发展规律进行深入探究，用中国元素去丰富现代经济学的创新性学术理论研究。正如习近平总书记所说，"要善于提炼标识性概念，打造易于为国际社会所理解和接受的新概念、新范畴、新表述，引导国际学术界展开研究和讨论"，如此才能进一步提升中国经济学研究能力、研究水平和国际影响力，服务于中华民族的崛起。

第四章　中国法律文化"走出去"*

随着我国国家实力和国际影响力持续增强，文化传播理念进一步创新，中国文化"走出去"的步伐迈得更加稳健。中国文化走向世界，是"十三五"国家重大战略决策，而在"走出去"的中国文化中，法律文化占据了重要地位，对提升我国的文化国际影响力具有不可替代的作用。甚至我国已把法律作为一种有效的外交手段——法律外交，把法律观念和法治理念贯穿在外交活动之中，即在国际治理结构法治化的背景下，将某些外交问题转化为法律问题，以合法的程序和行为处理国际事务，依法化解外交纠纷，转变外交方式方法，开辟对外交流工作新局面。①

法律文化是社会上层建筑中有关法律思想、法律规范、法律设施、法律艺术等一系列法律实践及其成果的总和。中国法律文化源远流长、博大精深，是在中国几千年的法律实践活动中形成并且发展起来的，是我国法律制度的精髓之所在。在过去，受经济和政治制度的影响，中国的法律文化是比较封闭的，但是改革开放以来，随着中国国际地位和国际影响力的逐渐提升，中国在借鉴外国优秀的法律文化

---

* 张海征，北京外国语大学教授。感谢中国法学会对外联络部以及北京外国语大学中非法律研究中心为本书稿的撰写提供了丰富的资料。文中如存在错误，由笔者本人负责。

① 张文显、谷昭民：《中国法律外交的理论与实践》，《国际展望》2013 年第 2 期。

成果时也在不断推动中国法律文化走向世界。中国法律文化是中华民族历经风雨实践形成的，在世界法律文化大家庭中独树一帜，具有独特的民族性。同时，中国法律文化在近现代中西文化交流中，与域外法律文化相互碰撞融合，具有法律文化的普遍性。

2014年10月，中国共产党第十八届中央委员会第四次全体会议审议通过了《中共中央关于全面推进依法治国若干重大问题的决定》，系统提出了加快建设社会主义法治国家的指导思想和一系列改革措施，这是对我国法制建设理论与实践的发展和完善，同时也是对我国法律文化的进一步系统强化。该文件也对我国涉外法律工作提出了基本要求：加强涉外法律工作。适应对外开放不断深化，完善涉外法律法规体系，促进构建开放型经济新体制；积极参与国际规则制定，推动依法处理涉外经济、社会事务，增强我国在国际法律事务中的话语权和影响力，运用法律手段维护我国主权、安全、发展利益；强化涉外法律服务，维护我国公民、法人在海外及外国公民、法人在我国的正当权益，依法维护海外侨胞权益；深化司法领域国际合作，完善我国司法协助体制，扩大国际司法协助覆盖面。这些均是我国促进法律文化"走出去"的重大举措。

2015～2016年，我国采取多种形式积极主动向外宣传和弘扬中华优秀法治文化，充分发挥了民间法律外交的作用，加快了树立法治强国形象的步伐，提升了法治中国的国际地位和影响。除此之外，民间法律外交也得到了快速发展，其中值得一提的是，中国法学会作为中国共产党领导的人民团体，是中国法学界、法律界的全国性群众团体、学术团体，积极践行民间法律外交，是中国法律"走出去"的先行者。提出法律交流"五个走出去"策略，即法治文化先出去、法律服务跟出去、法学家讲出去、法律机制建出去、法律规则输出去，彰显民间法律外交特色。中外10多家单位加入"法律外交战略合作伙伴计划"，自2012年该计划发起以来，迄今已有包括中国政法大学中欧法学院在内的国内外150多家法学法律机构参与其中，对保障与促进国内外法学法律界的交流与合作起到了重要作用。2014 年，中国法学和法治对外法学交流工作取得了卓越成绩，围绕深化区域法律合作，举办了一系列有影响力的活动，主办、协办和参加国际会议 10 次，签署 12 份《双边合作备忘录》；成立了"中国－非洲法律外交研究中心"，积极推进"法律外交战略合作伙伴计划"，新增伙伴 50 个。

而且，2015～2016 年，在中国法学会等中外法学法律机构的发起、支持和积极参与下，中国法律外交取得了以下重大成就：倡议发起多达 12 次以上的区域论坛和研讨会；举办了多届"中外法律人才交流项目"以及"中外法律培训基地"研修班；签署了《中非合作论坛——约翰内斯堡行动计划（2016—2018）》《昆明宣言》《中国－南亚法律合作共同宣言》《新德里宣言》《中国与拉美和加勒比国家合作规划（2015～2019）》等战略性文件；成立了中非联合仲裁中心、中非法律研究中心、中欧法律研究中心、中国－拉美法律研究中心和培训基地等重要法律机构；成立了中国法律外交研究中心；发动大量中国法学学者进行海外讲学；继续推动"法律外交战略合作伙伴计划"，促进中外法律文化交流等。

一　中国法治声音传出去

（一）中外学者积极唱响中国法治声音

法学是研究法、法的现象以及与法相关的问题的专门学问，是关于法律问题的知识和理论体系，是社会科学的一门重要学科。法学学者作为法学学科的研究者，在法律向外传播的过程中肩负着重要的责任。特别是学术造诣深厚、国际知名的中国法学家，作为中国法律的学术权威，理应在国际上贡献中国特色法治理念，展现我国法学家的风采，输出中国特色的法律符号，增强参与国际事务的话语权，提高我国在国际法律界的地位和影响力，逐步改变"西强东弱"的法律界整体态势，扭转国际法治讲台上只闻西方学者传经，不见东方学者授业的局面。

我国法学学者在推动中国法律文化"走出去"方面做出了以下贡献。

1. 我国学者担任国际法律组织领导职位

中国宪法学研究会常务副会长、中国社会科学院法学所研究员莫纪宏当选国际宪法学协会副主席。这是中国宪法学者在该国际法学法律组织中首次担任副主席职务。莫纪宏研究员是中国法学界继高铭暄、赵秉志教授担任国际刑法学会副主席职务之后，第三位在国际性法学研究组织中担任副主席职务的中国学者。

2015 年，国际诉讼法学协会第 15 届世界大会主席团表决通过了增补张卫平教授和傅郁林教授为国际诉讼法学协会执委的决议。这是继 2008 年中国法学会民事诉讼法学研究会前会长陈桂明教授首次增补为该组织执委之后的重大突破，充分表明中国经济发展、法治建设包括司法改革以及法学交流的影响力日益扩大。

2. 组派代表团出席国际法律大会

2015 年 5 月 25～28 日，国际诉讼法学协会第 15 届世界大会在土耳其伊斯坦布尔举行。中国法学会民事诉讼法学研究会会长、清华大学法学院张卫平教授，常务理事、北京大学法学院傅郁林教授参加了会议。本届大会由国际诉讼法学协会主办，土耳其律师协会等机构承办。大会主题为"工业化时代有效的司法救助和补偿"（Effective Judicial Relief and Remedies in an Age of Austerity），分设六个单元，具体议题分别为"临时救济"（Interim Relief）、"简易案件的司法救助"（Relief in Small and Simplified Matters）、"个人出行的民事限制"（Civil Constraints on Personal Mobility）、"对人禁令的强制性"（Coercive in

Personam Orders）、"司法制度的改革"（Reform of Institutions）、"司法救助的形式"（Forms of Relief）。来自世界各国家和地区的近400位诉讼法学家，在整整三天时间里，围绕上述议题展开了认真、热烈、友好的讨论。

2015年11月6～9日，中国代表团参加了亚太法协第28届全体会议（LAWASIA Conference）；2016年8月12～15日，参加了亚太法协第29届全体会议。作为亚洲和太平洋区域的法律组织，亚太法律协会是由律师、法官、法律学者和其他法律工作者和机构组成的国际性组织。亚太法律协会以促进亚太地区法律界的利益、关注亚太地区法律界共同诉求为宗旨。自1966年成立以来，亚太法律协会目前拥有超过40个机构会员以及来自50多个国家和地区的个人会员，并以推进司法实践水平的全面提高，促进法律教育的持续进行，作为地区法律共同体的代言人，推进法治进程，保障亚太地区各不同政治、文化、社会和经济地区的人权为目标。

在类似于以上两种的中国组派代表团出席国际法律大会的活动中，中国法学界的优秀代表们在通过与外国学者的沟通交流了解并学习外国优秀的法律文化的同时，也将我国独特的法律文化介绍给世界，促进中国法律文化走向世界。

3. 我国学者域外讲学

我国学者在域外讲学是推动中国法律文化走向世界最直接的一种方式，我国学者对中国法律文化的讲解和对外国学者提出的疑问进行解答，促使外国学者对我国法律文化形成更加直观的理解。

2015年7月22～31日，中国法学会副会长张文显分别在柬埔寨皇家经济法律大学、泰国国立法政大学发表学术演讲，向国外法学界介绍"中国的法治建设"。柬皇家经济法律大学校长禅那、泰国立法政大学国际关系学院院长受校长委托分别主持演讲会。这是中国法学会实施"中国法学家国际访学计划"，传播中国特色社会主义法治理念与法治成果，推动中国法学、中国法治走向世界的首次成功实践。

2016年6月28日，由来自中国人民大学法学院的国际法学教授韩立余、刑法学教授田宏杰、知识产权法学教授李琛、宪法学教授张翔、经济法学教授孟雁北、诉讼法学副教授程雷、民法学副教授郑爱青和朱虎、法律实践副教授潘文军、法学理论副教授尤陈俊等中国学者组成的法学专业教学团队赴哈佛大学法学院开展为期两周的暑期专业教学法国际交流培训，核心课程涵盖法律与法规、美国法律制度介绍、法律与伦理、国际残疾法、中美关系相关的法律问题、法律谈判与诊断式研究、刑法与程序等领域。

2016年7月3～12日，应英国英中协会、加拿大约克大学和美国国际法学会邀请，中国法学会副会长张鸣起率代表团对其进行了访问。代表团与三国法学法律组织进行了广泛接触和深入交流，举办了13次座谈会和两场学术研讨会，取得了丰硕成果。其中，7月4日和7月6日，中国法学会与英中协会分别在伦敦和爱丁堡举办了两场主题为"以法治建设促进中英经贸往来"的研讨会。张鸣起副会长以民法典编纂为例，介绍了中国最新立法进展。中国法学会副会长、全国政协社会和法制委员会副主任、最高人民检察院原副检察长朱孝清、中国金融工会副主席杨树润和北京市律师协会副会长张巍，分别介绍了中国司法体制改革、中国金融业改革和金融国际合作以及中国"走出去"企业的法律服务情况。总之，我国学者主动利用各种场合，积极宣传我国法治建设成就和"一带一路"倡议，阐释加强法律合作对于促进双方法治建设和经贸往来的重要意义，也为"中英法治圆桌会议"及未来两会合作打下了良好基础。

4. 学者们关于中国法律的外文期刊发表和外文书籍出版情况

根据笔者在美国著名的法律全文数据库——Hein Online 数据库，以"Chinese Law"为关键词在所有子数据库中进行检索得出的数据，2015年关于中国法律的论文数量为 401 篇左右，2016 年为 427 篇左右，具体情况见图 4 - 1。

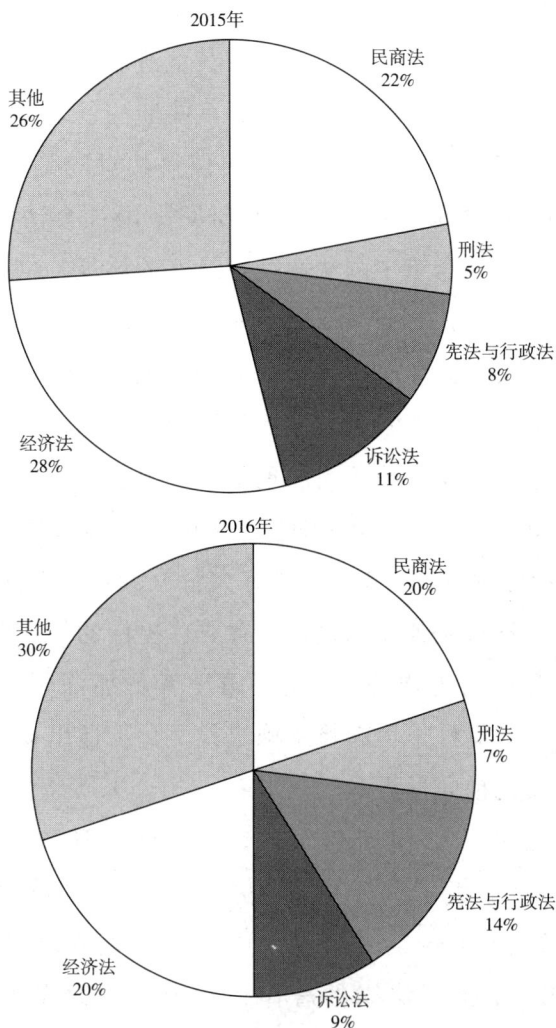

2015年

民商法
22%

刑法
5%

宪法与行政法
8%

诉讼法
11%

经济法
28%

其他
26%

2016年

民商法
20%

刑法
7%

宪法与行政法
14%

诉讼法
9%

经济法
20%

其他
30%

图 4 - 1　与中国法律有关的论文数量

资料来源：Hein Online 数据库。

以上所有文章均是以英文形式在中外期刊上发表的，这无疑为外国法学法律界学者们了解中国法律文化提供了便利，为中国法律文化

"走出去"做出了重大贡献。从图 4-1 中，不难看出关于我国民商法、经济法的英文论文在每一年都占据了较大的比例，然而，从笔者的统计来看，民商法英文论文主要涉及知识产权法的内容，也有一些关于公司法的内容，相比较而言民法及其他法律的内容较少。而在经济法的英文论文中，主要是关于税法、反垄断法、环境保护法、食品安全法等内容，其他内容涉及较少。但值得注意的是，与 2015 年相比，2016 年的经济法部分中多了一些研究中国社会法的论文，这是中国学者积极向世界介绍中国法律动态最好的体现，也是外国学者们时刻关注中国法律动态的证明。所占比例较大的"其他"项则是关于法治理念、人权、国际法等内容的论文，在 2016 年又多了一些关于社会法的论文。在刑法领域，主要是关于贪污和贿赂的内容。在宪法和行政法领域，主要是关于宪法理论和历史、行政处罚的内容。诉讼法则主要是证据、对外国裁判的执行和诉讼等内容。由 2015 年、2016 年两年的数据可以看出，虽然有大量介绍中国法的论文，但是内容比较受限，不够充分，如果有内容更广更深的外文期刊，将更有利于中国法律文化"走出去"，让外国学者更加深刻地理解中国法律。因此中国学者应该担负起将中国法律文化传播出去的重任，积极将中国的法律文化推向世界。

除了英文的中国法律期刊以外，中外学者还以英文形式在国外知名的出版社出版了关于中国法律的著作。以英美国家为例，在 2015 年和 2016 年两年时间内，中外学者们在国外知名的出版社出版了大量关于中国法律的著作，对中国法律做出了较为详细的介绍。其中，Li Chen 和 Madeleine Zelin 两位学者在荷兰著名的博睿（Brill）出版社出版的 *Chinese Law*（《中国法》），对中国法律和历史进行了详细的介绍；Shaowei Lin 在闻名世界的威科（Kluwer Law International）出版社出版的 *Derivative Actions in Chinese Company Law*（《中国公司法上的派生诉讼》），介绍了中国公司法中关于股东的派生的诉讼权利；Tingting Weinreich-Zhao 在德国著名的斯普林格（Springer-Verlag）出版社出版了 *Chinese Merger Control Law*（《中国企业并购法律》），详细描述了中国关于企业合并、并购等的法律规定；中国武汉大学的 Qin Tianbao 在英国著名的爱德华·埃尔加出版有限公司（Edward Elgar Publishing Limited）出版了 *Research Handbook on Chinese Environmental Law*（《中国环境法研究手册》）一书，全面介绍了中国的环境法的有关规定；Carol A. G. Jones 在英国剑桥大学出版社（Cambridge University Press）出版的 *Lost in China?*（《迷失在中国?》）一书，详细介绍了中国法律与文化习俗的关系；Li Chen 在哥伦比亚大学出版社（Columbia University Press）出版的 *Chinese Law in Imperial Eyes：Sovereignty，Justice，and Transcultural Politics*（《帝王视野中的中国法律：主权、正义和跨文化政治》）一书，讨论了帝制中国法的形象以及中西方的法律文化交流，更重要的是作者以法律为研究对象，使我们更能理解法律作为中西方文化交流的重要角色；等等。以上著作的作者既有中国学者也有外国学者，由此可看出中国法律影响之大，这对中国法律文化走向世界做出了巨大贡献，但是各大出版社对出版书籍的严格要求以及外国学者对中国法律文化理解的深度和广度等问题，导致在国外出版的关于中国法律的著作也并不全面。因此，中国学者作为中国法律文化"走出去"的先锋队应该积极响应中国法律文化"走出去"的号召，亲身投入促进法律文化"走出去"的实践中，将中国法律的相关知识传播到全世界。

（二）培养中外法律人才，传播中国法治声音

在推动中国法律文化"走出去"的过程中，不能仅仅满足于让世界了解中国法律文化，因为仅仅了解只是暂时性的，可能会随

着时间的流逝而淡化。让中国法律文化"走出去"更为深刻的方式是让中国学者在深刻了解外国法律的基础上与外国进行法律文化交流，以及让外国学者更多地学习和了解中国法律文化，成为精通中国法律文化的杰出人才。因此，中国在世界各个地区都开展了培养中外法律人才的有关项目，来推展中国法律文化。

1. 非洲地区

2013 年 9 月和 10 月，中国国家主席习近平提出共建"丝绸之路经济带"和"21 世纪海上丝绸之路"的重大倡议。作为"一带一路"倡议的重要一环，非洲在地域以及经济联系方面的重要性都更加凸显，中非基础设施建设以及互补产业合作前景广阔，中非配套法律服务与保障机遇无限。中国和非洲要加强紧密合作，传承和发扬中非传统友谊，共享机遇，共迎挑战，共谋发展，共创辉煌。中非法律人也应在国家发展、民族振兴这一伟大历史进程中发挥更加重要的作用，齐心协力，比肩前行，彰显法律的力量，充分发挥法律的引领和保障作用。

中非合作举办了"中非人才交流项目研修班"的实践活动，该研修班是中国法学会酝酿了三年多的项目，是中国举办的首个面向非洲法律界人士的培训项目，也是落实《中非合作论坛第五届部长级会议——北京行动计划（2013 年至 2015 年）》和《中非合作论坛－法律论坛北京宣言》的具体行动，该研修班第一期已经于 2014 年圆满结束，对中非法律文化交流意义深远。

2015 年 5 月 25 日，"中非法律人才交流项目第二期研修班"开学典礼在北京外国语大学隆重召开，本次研修班共有来自非洲近20 个国家的约 30 名学员参加，他们是与中国法学会有密切合作的非洲法学法律组织、中国驻非洲使馆以及非洲驻华使馆推荐的法官、检察官、律师和学者等。外交部、中非合作论坛办公室等单位就研修班的举办给予指导和支持。中国法学会副会长张鸣起为

"中非法律人才交流项目第二期研修班"学员讲授"中国用工制度若干法律问题——劳动法、劳动合同、劳务派遣",帮助非洲学者们了解中国用工制度的法律问题。张文显副会长为"中非法律人才交流项目第二期研修班"学员讲授了"中国法治建设和法治的发展",帮助非洲学者们了解中国法治建设和法治的历史发展,从而使其更加深刻地理解中国法治建设和法治的现状。鲍绍坤副会长为"中非法律人才交流项目第二期研修班"学员讲授"中国的检察制度与实务",促进中国检察文化"走出去"。本次研修班得到各方高度重视,意义重大,影响深远:成功举办了"构建中非联合纠纷解决机制研讨会",为中非联合纠纷解决机制的构建做出了很大贡献;举办了"走进非洲:法律风险防控与争议解决"高端培训,真正实现中非法律人才互动;亲赴上海,体验上海自贸区建设,感受司法改革先行。为中非法学法律交流创造了更多的机会,搭建了更广阔的平台。

2016年5月29日~6月12日,"中非法律人才交流项目第三期研修班"在广东外语外贸大学举行,吸引了来自埃及、南非、坦桑尼亚以及非盟等12个非洲国家及区域组织的21位学员来华学习。其间举办"软实力建设国际研讨会"以及"走进非洲:投资非洲高端法律论坛",参加论坛的除本期研修班学者外,还有来自广东国际华商会、碧桂园集团等商会、民营企业、律师事务所以及高校的70多名代表。来自非洲的六位专家分别介绍了各自国家有关保障与促进外国投资的基本法律制度及特色措施。如来自尼日利亚的代表介绍了该国"一站式"的高效投资管理服务模式及汇兑自由。坦桑尼亚的代表则强调了外国投资者遵守该国法律的重要性。纳米比亚的代表分析了该国采矿业本地化要求及其高税率制度所面临的困难与问题。南非的代表强调在南非的外国投资均可以得到南非宪法及相应国际条约的强有力保护。赞比亚的代表介绍了该国优惠的土地租赁政策,并建议通过仲裁机制解决相应的投资争议。肯尼亚的代表分析了该国外资政策从国有化到私有化的转化过程，说明外国投资在该国可以得到高度保障。

中非法律人才交流项目促进了中国与非洲国家多边、双边合作。一方面，非洲法律人士向中国介绍非洲，吸引中资企业的投资；另一方面，域外法律人才将在中国所学带回祖国，帮助本国人民解决法律纠纷，向非洲展示中国的法律体系。因此，2015 年通过的《中非合作论坛——约翰内斯堡行动计划（2016—2018）》中也对继续开展中非法律人才交流与培训做出了规定。

2. 东盟地区

中国与东盟地区历来关系友好，交流密切，经济、政治和文化方面合作都十分紧密，我国国家领导人也多次对东盟国家进行国事访问，探讨未来的合作方向。在与东盟的关系发展中，我国尤其重视人文交流，21 世纪以来，中国 - 东盟人文交流与往来在双方的共同努力下取得了不俗的成绩。双方人文交流机制创新成果丰硕，人员往来规模也不断扩大，特别是在 2016 年中国 - 东盟建立对话关系 25 周年纪念之后，中国 - 东盟政治对话、经贸关系之外的新支柱——拓展和加深双方的人文交流关系得到了前所未有的重视。其中，法律文化的交流也取得了很大发展，中国 - 东盟的法律文化联系愈加紧密。

随着中国的服务贸易和相互投资的稳步推进，需要培养一批了解和掌握东盟国家法律和法规、掌握国际贸易和投资操作规程的法律人才，增强法律服务的区域国际性，促进中国法律文化"走出去"。2013 年 10 月 9 日，由南宁市委政法委主管、南宁市法学会主办、广西民族大学承办的南宁市法学会东盟法律培训基地正式建立，该研修班旨在加强东盟法律应用性、实践性人才培养和人才资源开发，加强与东盟国家法律界之间的理论与实务经验交流，提升法律工作者东盟法律业务素质。同日，首期"越南法研修班"开班，这是南宁市首次举办东盟国家法律培训班，来自南宁市司法系统的法官、检察官、警察、律师、仲裁人员、司法行政工作者共45名学员在本次研修班上学习了越南法律制度，特别是刑法、民商法、经贸法律制度以及中国与越南合作的最新法律和政策。2014年12月，由南宁市委政法委、南宁市法学会主办的东盟法律培训基地"泰国法研修班"进行了开班培训，来自政法各部门、各单位的49名基层骨干接受了培训，学习了初级泰国语、泰国各种法律制度，了解了中国－东盟自由贸易区的法治建设情况，并到高级法院、检察院了解交流了广西涉外民商事审判、涉及泰国的民事审判情况。这为中国与泰国的法律文化交流打下了良好基础。2015年10月20日，南宁市法学会东盟法律培训基地举办了"新加坡法研修班"，本次研修班积极响应了党的十八届四中全会精神和"一带一路"倡议的号召，加强了东盟法律培训。本次研修班包括来自南宁市司法系统的法官、检察官、警察、律师、仲裁人员、司法行政工作者共48名学员，重点学习了新加坡法律制度，特别是新加坡刑法、民商法、经贸法律制度以及中国与新加坡合作的最新法律和政策。研修班还邀请了新加坡的专家教授、知名律师以及中国法学会、中国政法大学、西南政法大学及广西民族大学等国内相关领域专家教授上课，其间还安排学员到有关实务部门进行实地学习交流。2016年10月11日，南宁市法学会东盟法律培训基地在广西民族大学国际交流处举办了"马来西亚法研修班"，来自南宁市司法系统的44名学员在广西民族大学和西南政法大学重点研修了马来西亚法律法规及中国与马来西亚合作的最新法律和政策等内容。总而言之，南宁市法学会东盟法律培训基地定期举办研修班，有组织地对南宁市法律工作者进行东盟国家法律、语言及相关知识培训，加强了东盟法律应用性、实践性人才培养和人才资源开发，加强了与东盟国家法律界之间的理论与实务经验交流，提升了法律工作者东盟法律业务素质，对中国－东盟法律文化交流做出了重大贡献。

中国－东盟法律培训基地以中国法学会为创办和主管单位，中国法学学术交流中心为业务管理单位，广西法学会为协助管理单位，广西民族大学为承办单位，是一个中国－东盟自由贸易区法律人才培养、科学研究和信息交流的重要平台，也是连接中国与东盟法学法律界的重要纽带。首期研修班于 2007 年 8 月 20 日举办，东盟 10 国选派司法官员和律师前来培训基地学习，培训时间四周。主要研习了中国基本司法制度、民商法、涉外法律等。研习期间，学员到自治区高级人民法院、自治区人民检察院、广西律师协会进行了交流，并到南宁市中级人民法院进行了法庭观摩。该基地成为东盟各国法学法律界人士了解中国法律文化的窗口，也是我国法学法律界人士与东盟法学法律界人士交流的平台。

2016 年 12 月 5 日，中国－东盟法律培训基地第十期研修班暨西南政法大学 2016 级东盟硕博士班开学典礼在西南政法大学隆重召开。研修班由中国法学会主办，重庆法学会、西南政法大学承办，中国－东盟法律培训基地和中国－东盟高端法律人才培训基地协办，来自柬埔寨、印度尼西亚、老挝、马来西亚、缅甸、菲律宾、新加坡、泰国等东盟国家的 35 名学员参加了开学典礼。在该研修班开学典礼上，中国法学会副会长张鸣起对中国与东盟的法律文化交流提出了两点倡议。第一，构建法治互信，维护和平稳定。中国和东盟法律界要从本地区人民的根本利益和愿望出发，加强沟通与交流，增进理解与信任，形成中国－东盟法律界合作共赢的思想引领，建立法治共识机制，通过达成法治共识消除误解、搁置分歧，共同维护国际公平正义，为地区乃至世界和平稳定贡献"法治正能量"。第二，深化务实合作，实现共同发展。中国－东盟法律界应抓住机遇，携手努力，把

"一带一路"倡议与东盟共同体发展蓝图对接起来，全面拓展在法学研究、法律服务、信息交流、人员往来等领域的务实合作，充分发挥法律的规范、引导、促进和保障功能，营造公平、公正、平等的法治环境，构建中国－东盟自贸区的"法律智库"，为打造中国与东盟更加紧密的命运共同体，为中国－东盟战略合作提供更加坚实的法律和制度保障。

3.南亚地区

中国与南亚国家山水相连、人文相亲，是守望相助的好邻居、肝胆相照的好朋友、互利共赢的好伙伴。早在千年以前，丝绸之路、茶马古道就架起了中国与南亚经贸、文化交流的桥梁。近年来，中国与南亚国家合作进入了蓬勃发展的新时期。

2015年11月，中国－南亚法律人才培训基地由中国法学会授牌云南大学建设。2016年12月，中国－南亚法律培训基地首期研修班在云南大学举办，研修班为期两周。来自南亚国家的23名法官、检察官、律师、学者等参加了研修班，专题研习中国法律制度。

2016年5月，"第三届全国法学教育高端论坛"暨"亚太法学院院长论坛"在北京大学成功举办，会聚了来自亚太地区多家顶尖法学院的院长及代表，以英文圆桌讨论的形式呈现。本次研讨设两大核心议题：英语（非母语授课）法律教育，变革中的法律职业和法学院。在该论坛中，讨论了"变革中的法律职业和法学院"。西南政法大学石经海副院长以"法学院应对变革的思考和实践"为题，围绕法科学生从事法律职业的现状、影响就业选择的因素以及法学院的应对措施提出了构想。以印度大学国民法学院 Elizabeth V. S. 教授为代表的亚太地区代表均详细分析了本国法学院的现状，并对目前的职业教育质量表达了忧虑。中南财经政法大学简基松副院长描述了法律职业的新趋势，认为需要加强交叉学科教育，积极培养国际化人才。本次全国法学教育高端论坛暨亚太法学院院长论坛的成功举办，有助于推进中国法学教育的国际化，探讨法律职业出现的新变化及其对法学院、法学教育的影响，同时，也会加强中国法律教育对外国的影响，促使中国的法律教育理念"走出去"。

二 借助多种法律平台，推介中国法律机制

2015～2016 年，中外法律论坛层出不穷，所涉及的内容更加广泛，由经贸投资领域的法律扩展到宪法、刑法、民法、海洋法等主要学科和反恐、南海问题、网络犯罪、金融、环境等热点法律问题。我国法学法律界的优秀代表积极参与国际法律论坛的研讨，发出中国声音，传播中国法律体系。

（一）借力约翰内斯堡行动计划，中国机制走进非洲

中非合作论坛是中国与非洲友好国家集体对话和务实合作中最为重要的平台，为了进一步加强中国与非洲国家在新形势下的友好合作，共同应对经济全球化挑战，谋求共同发展，在中非双方共同倡议下，中非合作论坛——北京 2000 年部长级会议于 2000 年 10 月 10～12 日在北京召开，中非合作论坛正式成立。论坛以平等磋商、增进了解、扩大共识、加强友谊、促进合作为宗旨，促进中非合作取得了累累硕果，随着中非合作不断拓展和深化，在论坛框架下先后召开了中非农业、科技、法律、金融、文化、智库、青年、民间、妇女、媒体、地方政府等分论坛，有些还实现了机制化，进一步丰富了中非合作论坛内涵。截至 2015 年底，该论坛已扩大至包括中国、50 个与中国建交的非洲国家和非盟委员会在内的共 52 个成员。

2015 年底，中非合作论坛约翰内斯堡峰会暨第六届部长级会议

在南非召开，中国国家主席习近平和南非总统祖马共同主持中非合作论坛约翰内斯堡峰会全体会议。包括 42 位国家元首和政府首脑、非盟委员会主席祖马在内的中非合作论坛 52 个成员代表出席。习近平在开幕式上致辞时提出未来 3 年同非方重点实施的"十大合作计划"。这"十大合作计划"分别是：中非工业化合作计划、中非农业现代化合作计划、中非基础设施合作计划、中非金融合作计划、中非绿色发展合作计划、中非贸易和投资便利化合作计划、中非减贫惠民合作计划、中非公共卫生合作计划、中非人文合作计划、中非和平与安全合作计划。该"十大计划"是非洲国家期待已久的，具有重大历史意义。而且，自从论坛成立以来，中国与非洲的关系取得了长足的发展，中国已成为非洲最大的投资和贸易伙伴，2014 年中非的贸易额为 2200 亿美元，预计到 2020 年将达到 4000 亿美元。非方赞赏中非合作论坛做出的努力，看到中方在切实地执行对非援助方面做出的重要承诺并取得了显著的成效。中国外交部长王毅在中非合作论坛第六届部长级会议上介绍第五届部长会后续行动落实情况时强调，中非和平安全合作稳步推进，合作领域不断扩大。在本次会议上，习近平主席还主持通过《中非合作论坛约翰内斯堡峰会宣言》和《中非合作论坛——约翰内斯堡行动计划（2016—2018）》（以下简称"行动计划"）并做总结发言，这两个成果文件对未来 3 年中非各领域合作进行了全面规划。尤其是 6.2.5 和 6.2.6 两条，均是关于中非在法律领域合作的计划内容。

6.2.5 规定：加强法律领域的交流与合作，深入了解各自法律体系，增进法律的认可和适用，为双方人员往来和合法权益保障提供法律支撑和法治环境。

6.2.6 规定：完善"中非合作论坛－法律论坛"机制建设，继续开展法律人才交流与培训，推动共建"中非联合仲裁中心"，在非共建法律人才培训基地和中国－非洲法律研究分中心，实施中非法学家讲学计划，积极支持开展"中国－亚非法协国际法交流与研究项目"。

这两条内容均由我国法学会起草，并且由中央责成其牵头落实，而且中国法学会还提出在未来 3 年时间内，将继续完善"中非合作论坛－法律论坛"机制建设，计划构建中方对非法学法律交流大协调机制。加强中非法律联合研究，在非共建中国－非洲法律研究分中心，开展高端培训，保障在非企业和公民的合法权益，继续推动中非联合仲裁中心的建设，积极参与开展"中国－亚非法协国际法交流与研究项目"，适时成立中非法律交流基金，构建研究机构、企业界、律师界利益共同体，形成法学研究和法律服务全面、全程服务经贸合作的态势。

1. 成立中非联合仲裁中心

2015 年 6 月 5 日，由上海国际仲裁中心李志刚副主任带队，黄文、王唯骏副秘书长等一行 4 人参加了由中国法学会主办、北京外国语大学承办的"构建中非联合纠纷解决机制研讨会"。来自南部非洲仲裁基金会、南部非洲仲裁员协会、非洲替代性争议解决中心、毛里求斯国际仲裁中心、最高人民法院民四庭、中国国际经济贸易仲裁委员会、北京仲裁委员会、海南仲裁委员会、对外经济贸易大学、华东政法大学的代表以及中非法律交流项目的非洲学员 50 余人参加了研讨会。在该研讨会上，李志刚副主任代表上海国际仲裁中心与法学会、法院、法律研究中心、法律培训基地、知名高校法学院、中非各国仲裁机构、中非各国企业、律师事务所等 33 个单位与机构签署了由中国法学会倡议发起的《构建中非联合纠纷解决机制北京共识》（以下简称《北京共识》）。

《北京共识》的主要内容为：各方一致认为构建中非联合纠纷解决机制是法律外交的具体实践，有助于保障中非经贸合作的健康顺畅进行，有助于进一步完善中非法律合作格局，有助于提高发展中国家在国际仲裁领域的话语权；各方愿意共同致力于深化中非法律交流与合作，在中非合作论坛－法律论坛框架下，深入推进构建中非联合纠纷解决机制，适时成立中非仲裁联合会，适时建立中非联合仲裁中心，适时创设中非法律交流基金。

2015 年 11 月 25 日，南部非洲仲裁基金会、非洲非诉讼纠纷解决中心、南部非洲仲裁员协会、上海国际仲裁中心与中国法学会共同举办了中非联合仲裁中心第三次联席会议，会上就中心示范条款、宣传册设计、网站设计、仲裁员名单、仲裁员培训等具体问题展开了深入探讨，达成广泛共识。

在 2015 年 11 月 26 日举行的第六届"中非合作论坛－法律论坛"上，中非联合仲裁上海中心与中非联合仲裁约翰内斯堡中心的同步揭牌仪式在来自非洲多个国家及中国的仲裁业界团体、法学会团体、律师团体、公司法务及检察机构代表等 150 余位代表的共同见证下成功举行。中非联合仲裁上海中心是上海国际仲裁中心设立的专业仲裁平台，旨在为中国与非洲国家市场主体的商事交易提供公正、专业、高效的仲裁服务。

2015～2016 年，在中国法学会的指导和协调下，成立了中非联合仲裁约翰内斯堡中心、上海中心。此外，中国法学会还致力于协调北京国际仲裁中心、深圳国际仲裁院与尼日利亚拉各斯国际商事仲裁中心、肯尼亚国际仲裁中心、坦桑尼亚律师协会等开展对口合作，对接业务及服务，努力提升国际话语权和规则制定权。在中国法学会的推动下，毛里求斯国际仲裁中心在考察贸仲以及深国仲后，决定与深国仲对接合作。根据行动计划，中非合作论坛成员国召集成立中非联合仲裁中心，为中非间商业投资交易中可能出现的争议提供适当的解决机制，为商业基础设施建设和投资提供法律安全保障。中非联合仲裁中心作为中非两国间法律界和商界的桥梁，将以开创实用、公平、可及的法学共享为目标，提供信息高速公路、学术研究和培训的立交桥。

中非联合仲裁中心是专聘中非仲裁员、专裁中非商事纠纷的唯一中非联合仲裁机构，是发展中国家首次发起成立的争议解决机制，对提升发展中国家的国际法治体系话语权具有里程碑意义。

2. 共建中非法律研究中心

在中国法学会的推动下，北京外国语大学、广东外语外贸大学、华东政法大学、浙江工商大学、甘肃政法学院等与南非开普敦大学、肯尼亚内罗毕大学、斯特拉斯莫尔大学、坦桑尼亚达累斯萨拉姆大学、贝宁阿波美卡拉维大学、喀麦隆雅温得第二大学等非洲法律院校开展共建中非法律研究中心和培训基地。

2015年6月5日上午，在中非合作论坛－法律论坛的统领下，在中国法律外交研究中心、中国－非洲法律研究中心、中非法律人才交流培训项目第二期研修班的支持下，由北京外国语大学、中国－非洲法律培训基地主办的"走进非洲：法律风险防控与争议解决"高端培训在北京外国语大学举行。来自国土资源部信息中心、农业部对外经济合作中心、中国铁建股份有限公司、中国水电建设集团国际工程有限公司、中国海外工程有限公司、中国远洋运输集团、中国石油集团经济技术研究院、德恒律师事务所等近40家部委、大型国有企业、律所以及高校的百余名代表参加了培训。本次培训的主题是"投资非洲：法律风险与防控"和"投资非洲：争议解决"。这为中国企业走向非洲所面临的法律问题提供了有益的指导与帮助。

3. 开展法律研讨活动

2015年11月，由中国法学会主办的"中非投资经贸法律风险及对策"研讨会在北京开幕。来自中国和非洲14个国家的近180位法学法律界和企业界代表出席会议。与会专家学者围绕"非洲国家外商投资法律制度""非洲国家税收法律制度""非洲国家劳动用工政策和外国企业社会责任""非洲国家土地、矿业、外汇专项法律问题""中国对非投资风险法律防控机制"等议题进行深入交流研讨。本次研讨会是贯彻落实党中央关于"强化涉外法律服务，维护我国公民、法人在境外的正当权益"的要求，服务国家"走出去"战略的一项重要举措。它将为中国涉非企业、涉非律师与非洲经贸官员、业务律师搭建一个交流信息、释疑解惑、增进友谊、开拓业务的平台，有助于我国涉非企业更好地了解非洲国家法律制度，防范和化解投资法律风险，为打造中非合作升级版发挥积极作用。中非发展基金副总裁杨爱武在致辞中介绍了中非发展基金投资情况，指出中国企业应遵守非洲当地法律，正确对待法律风险问题；同时呼吁非洲各国改善投资环境，提升审批透明度和规范化，加强中非法律界之间的沟通和理解。

（二）践行"一带一路"倡议，中国东南亚合作开创新高度

1. 中国－南亚法律论坛

2015 年 11 月 3~4 日，主题为"共谋'一带一路'法律战略 共商中国南亚法治愿景"的首届中国－南亚法律论坛在昆明举行。论坛由中国法学会主办，云南大学联合云南省法学会承办。来自中国以及印度、孟加拉国、巴基斯坦、尼泊尔、斯里兰卡、马尔代夫等南亚国家及越南、缅甸、马来西亚等东南亚国家的法学法律界近 200 名专家学者齐聚论坛。研讨阶段，与会国内外专家学者就"中国－南亚'政策沟通'的法律问题""中国－南亚'贸易畅通'的法律问题""中国－南亚'互联互通'的法律问题""中国－南亚国家非传统安全合作的法律问题""中国－南亚国家法律服务与司法合作的法律问题"等子议题展开磋谈。在深入真诚讨论和交换意见的基础上，本届论坛成果最终体现于达成的《昆明宣言》，表达了中国和南亚法学法律界共同推动"一带一路"建设与区域法治建设的良好愿望。中

国法学会副会长任海泉在论坛上表示，在中国与南亚国家共同发展的过程中，法律合作是不可分割的重要部分。首届论坛标志着中国－南亚法学法律交流提升到一个新的阶段，倡议逐步建立中国－南亚法律人才培养、法律服务等机制，把论坛打造为中国与南亚国家法学法律界交流合作的长效平台和法律智库。

2016年12月15～16日，由云南大学承办的第二届"中国－南亚法律论坛"在昆明举行。来自中国、印度、斯里兰卡、孟加拉国、尼泊尔、巴基斯坦、马尔代夫、缅甸等14个国家的法学法律界人士共聚一堂，研讨中国与南亚国家在立法司法实践、法治研究、法律服务等领域的合作。参会者围绕"加强法治联动，共建'一带一路'"主题，就"中国与南亚国家的宪法暨法律体系比较研究""基础产业投融资法治合作""贸易投资发展共识与合作""可持续发展相关政策和法律""贸易投资争端解决机制与服务"等议题进行研讨。本届论坛内容涵盖范围广泛，成果丰硕，成立了中国－南亚法律论坛法律服务专业委员会，举办了中国－南亚法律培训基地首期研修班。王乐泉会长指出，中国与南亚国家应当加强交流，全面拓展在立法司法实践、法治研究、法律服务等领域的合作，将中国－南亚法律合作提升到新高度，为中国－南亚各国共同发展营造公平、公正、平等的法治环境，将"一带一路"建设打造为法治合作之路、法治文明互鉴之路。

2. 中国－南亚法律合作共同宣言

2016年6月，中国－南亚东南亚商事法律合作研讨会上，中国国际贸易促进委员会与南亚联盟工商会签署《中国－南亚法律合作共同宣言》，为双方全面经贸合作"保驾护航"。双方提倡从10个方面加强合作，主要包括：在中国－南亚商务理事会机制下成立法律专业委员会；开展对中国和南亚各国经贸法律法规以及法律实务的国别研究与交流；建立中国－南亚商事联合调解机制；加强中国－南亚仲裁合作及知识产权、法律咨询等方面的合作，致力于通过磋商、对话、谈判等友好方式，化解双方经贸摩擦。计划从 2016 年起用 5 年时间在昆明举办"中国－南亚法律培训研讨班"，作为中国－南亚商务论坛框架下商事法律领域的系列活动之一，每年邀请南亚国家法律专家来华授课。

"未来中国与南亚东南亚各国经贸合作的深化，需要靠法律的护航，特别需要政府完善、开放、透明、稳定、可预见的法律法规体系，企业需要熟悉、了解各个国家法律法规体系的内容。"中国贸促会副会长尹宗华介绍，像贸促会这样的工商机构，需要向广大企业及时地宣传、介绍各个国家的法律法规体系和政策措施。云南省人大常委会副主任王树芬说："可以预见随着辐射中心的建设深入推进，中国与周边国家，尤其是南亚东南亚国家的合作将掀开历史性的崭新一页。"并且还提出了三点建议：第一，充分发挥中国南亚东南亚商事法律合作研讨会的平台作用；第二，充分发挥中国国际贸易促进会云南南亚东南亚法律服务中心公共法律服务平台的作用；第三，充分发挥中国国际贸易促进会中国国际商会、云南省经贸摩擦预警中心的作用。

3. 中国－东盟法律论坛

中国－东盟法律论坛由中国法学会在 2005 年倡议发起，是全面涵盖中国和东盟政府界、司法界、法学界及商界的高层次、开放式、具有一定影响力和凝聚力的法律交流对话平台。论坛层次高、规模大、范围广，得到了中国和东盟各国法学法律界的高度关注与认可，产生了积极而深远的影响。

2015 年 11 月 16～18 日，由中国法学会主办的第六届中国－东盟法律论坛暨"一带一路"法治论坛在西南政法大学举行。中国与东盟法律法学界嘉宾代表 200 余人，齐聚一堂，共议中国东盟关系发展和"一带一路"倡议实施中的法治建设。与会各方在深刻认识到法治对促进本区域社会经济发展的保障作用、开展法律外交的重要性以及法律法学界在"一带一路"倡议和携手共建中国与东盟"命运共同体"中的责任担当的基础上达成共识，通过了《重庆宣言》。《重庆宣言》指出，区域法治是本区域经济一体化的重要保障，中国－东盟各国合作开展区域规则、"统一商事法律"等研究；法治人才的培养是本区域法治建设的重要内容，中国－东盟各国协同开展法律培训和能力建设活动，支持"中国－东盟高端法律人才培养基地"建设，推动建立"中国－东盟法律大学"；强化论坛机制，推动成立论坛指导委员会以及专业委员会，创设"中国－东盟区域法治研究联合体"等常态化的交流合作机制，探索构建争端解决的新机制、新模式。

2016 年 9 月 20 日，为配合我国政府"一带一路"倡议实施，在中国法学会的指导下，由环宇中国东盟法律合作中心主办，中国海南仲裁委员会、中国广州仲裁委员会协办的首届"中国东盟商事仲裁合作论坛"在中国海口举办。论坛以"一带一路、携手服务"为主题。来自中国和东盟国家法学界、仲裁界、律师界、商业界的代表200 余人以"共商、共建、共享"为基本理念，以仲裁理论和实践探索为载体，共议构建中国东盟仲裁合作服务平台。中国法学会副会长张鸣起就中国东盟商事仲裁合作提出四点希望和要求。第一，推动建立中国东盟区域商事仲裁合作机制，为"一带一路"提供优质、高效、便利的法律服务。第二，开启中国－东盟仲裁员互通机制，注重优秀仲裁员的选聘和培养。第三，创建适应中国与东盟国家特点的"一带一路"商事仲裁机制的规则体系和运作方式，努力提升在地区和国际事务中的话语权和影响力。第四，开展中国与东盟各国的法学交流，进一步加强理论研究，为法律服务和实践提供支持。

4. 共建中国－东盟法律研究中心和中国－东盟法律合作中心

"中国－东盟法律研究中心"由中国法学会创设，以西南政法大学为依托，主要开展对中国与东盟法律的系统性、基础性和前瞻性研究，以此为中国－东盟自由贸易区的可持续发展保驾护航，为我国实施自贸区的战略提供制度建设的法学理论支撑。2010 年 11 月 11 日，研究中心在西南政法大学正式挂牌成立。据悉，中国－东盟法律研究中心成立以来，申请获得中央财政支持地方高校项目，与校图书馆合作初步建成并运行了中国东盟法律文献数据库，编撰了《二十年中国－东盟法律合作与发展报告》，与东盟国家合作定期出版《中国－东盟法律评论》。此外，还完成了东盟国家矿产资源法律制度比较研究、东盟国家仲裁法律制度比较研究、东盟国家刑法比较研究等重大课题研究，为中国－东盟法律文化交流做出了重大贡献。

此外，中国－东盟法律合作中心成立于 2011 年底，由中国法学学术交流中心、北京大成律师事务所、海南仲裁委员会共同创建。中心旨在建设中国－东盟法律资源整合型服务平台，通过促进中国与东盟各国法律实务界、理论界之间的交流与合作，整合各国间的法律服务资源，进而整合法律服务资源所涉及的中国与东盟各国间的经济、社会资源，提升中国－东盟自由贸易区（CAFTA）内跨国法律服务质量及效率，为中国与东盟在贸易、投资、旅游、教育、文化等领域的合作贡献力量，为 CAFTA 的发展发挥积极作用。2015 年 12 月 14 ~ 15 日，中国－东盟法律合作中心 2015 年理事会暨"一带一路"法律专题研讨会在海南三亚举办。会议以该中心及其分中心 2015 年工作报告以及"一带一路"涉外法律服务工作为主题，来自中国及东盟国家的政府代表、法律实务界代表 50 余人参加了会议。在本次会议上，中国法学会副会长张鸣起指出，中心的成长壮大离不开中国和东盟各国法学法律界的支持，并对今后的工作提出了几点建议：第一，开展法治交往，实现合作共赢；第二，发挥地缘优势，共建"一带一路"；第三，加强法律服务，构建中国东盟多元化商事争议解决机制。

5. 中国－东盟法律研讨活动

2015 年 9 月 19 日，第 12 届中国－东盟商务与投资峰会框架下的中国－东盟商事法律合作研讨会在广西南宁召开。研讨会以"深化区域法律合作，助推'一带一路'建设"为主题，由中国国际贸易促进委员会和广西壮族自治区政府主办。中国贸促会、东盟 10 国国家工商会领导和中国－东盟法学研究机构、法学会、律师协会代表及企业家、专家学者约 200 人参与会议。研讨会发布了《中国－东盟法律合作共同宣言》，签署了《中国－东盟商事联合调解协议》，并规划了 5 年双向商事法律培训及具体合作内容。《中国－东盟法律合作共同宣言》的发布和《中国－东盟商事联合调解协议》的签署，是本次研讨会取得的重要成果。研讨会始终致力于加强中国与东盟工商界在法律领域的合作，整合双方的商事法律服务资源，为各国工商界开展经贸合作打造有利的法治化环境。

2016 年 5 月 13 日，由中国法学会和泰国司法学院共同主办的中国－东盟法律论坛"促进可持续发展法治高层研讨会"在北京隆重举办。来自中国与东盟国家的知名法律专家学者 300 余人出席会议。在本次研讨会结束之时，中国－东盟法律研究中心与泰国司法学院签署了《合作备忘录》，为以后的交流与合作打下了基础。

2016 年 12 月 17 日，由中国法学会主办，西南政法大学和云南大学法学院共同承办的"中国－东盟互联网金融法律变革与合作研讨会"在昆明圆满落幕。来自中国、印度、缅甸、柬埔寨、泰国、菲律宾、老挝、马来西亚、印度尼西亚和新加坡等 10 多个国家的法官、检察官、律师、法务工作者及专家学者等 100 余名代表围绕"互联网金融立法创新""互联网金融风险监管""互联网金融司法实践"等议题展开交流研讨。

（三）坚持与发达国家沟通交流，提出中国主张

1. 中欧法律论坛

"中国－欧洲法律论坛"是由中国法学会于 2013 年倡议发起的。论坛旨在推动中国和欧洲在法律、经济等领域的交流与合作，加强双方了解互通，深化学习借鉴，为中欧各领域的合作提供法律保障和服务，为推动中欧全面战略伙伴关系的发展发挥积极作用。首届中国－欧洲法律论坛和第二届中国－欧洲法律论坛分别于 2013 年和 2014 年在北京和奥地利维也纳成功举办。

2015 年 9 月 8~9 日，由中国法学会和意大利全球法律服务律师事务所共同主办，奥中法律协会、国际统一私法协会、中国政法大学协办的第三届中国－欧洲法律论坛在意大利罗马成功举办。来自中国、意大利、法国、奥地利、德国等国家的中欧近百名法学法律界专家学者参加了论坛。本届中国－欧洲法律论坛的主题是"重建法律和经济丝绸之路"，中欧法学法律界人士围绕"中欧法律合作之未来""司法制度""竞争政策""刑事法律的发展""民法""金融及资本市场：中欧发展之比较""法律保障和登记透明作为确定营业场所之优势"七大议题进行了研究与讨论。9 月 7 日，中国－欧洲法律论坛指导委员会第二次会议在国际统一私法协会总部成功召开。中欧各方共同见证了指导委员会欧方主席的顺利交接，并就下届论坛的议题、地点等问题进行了广泛探讨，就提升论坛的层次和水平的方式和途径进行了热烈讨论，进一步明确了论坛全方位长足发展的主攻方向，指导委员会第二次会议取得显著成果。

在该论坛上，中国法学会党组书记、常务副会长陈冀平回顾了中欧建交以来中国与欧盟的交往历史，指出中欧法学法律界应当在建设中欧全面战略伙伴关系的进程中，积极利用中国－欧洲法律论坛这一平台，加强中欧法律交流，积极维护国际法治，开辟合作共

赢新征程。积极倡导和共同推广以"推进全球治理法制化，维护全球贸易自由化，促进共同发展，实现合作共赢，构建全球命运共同体"为内容的合作共赢五项原则；全方位加强论坛建设，打造中欧法律论坛升级版。意大利最高上诉法院副院长罗威利指出，中国－欧洲法律论坛的召开具有历史性的意义，为中欧双方打造了思想交流、观点切磋的良好平台。虽然各国的法律制度各有不同，但存在一些具有普适性的原则以及法律人共同的追求。法律不仅仅制定规则、制度和规章，更可以作为有效工具推动中欧之间的经济、贸易往来和文化交流。

2016 年 10 月 15 ~ 16 日，由中国法学会和中国政法大学共同主办的第四届中国－欧洲法律论坛在北京成功举办。来自中国、奥地利、法国、德国、意大利、英国、西班牙等国家的中欧百余名法学法律界专家学者以及中国最高人民法院、外交部、国务院法制办代表参加了论坛。论坛探讨的议题包括"跨界交易中的法律风险""跨国民事诉讼程序原则""开放型数字化公平市场和英国脱欧对中欧跨境贸易的影响"，这些议题既在中国与欧洲法学研究领域具有前瞻性和示范意义，又在全球范围内具有战略意义。近 40 位专家学者就上述议题展开研讨，中欧在同一起跑线上共同为全球法治提供主张和建议。

中欧双方高度重视本届论坛。中国法学会党组书记、常务副会长陈冀平出席论坛开幕式并发表重要讲话。西班牙驻华使馆内政参赞埃米利奥·普列托、芬兰赫尔辛基大学法学院教授尤哈·赖托、西班牙嘉理盖思律师事务所北京代表处合伙人陶睿哲参加开幕式并致辞。中国法学会副会长张鸣起主持开幕式。开幕式上中外方嘉宾共同见证了"中国－欧洲法律研究中心"和"中国－欧洲法律培训基地"的成立。

在此次论坛中，中国法学会党组书记、常务副会长陈冀平在讲话中回顾了中欧交往历史，介绍了中国近年来的法治建设情况以及

"一带一路"倡议、G20 杭州峰会等发展成果，指出中欧的影响和作用举足轻重，中欧法律合作前景广阔，中欧法学法律界应在法律论坛这一平台之上，比肩前行，直面问题，共同应对地区和全球性挑战，推动构建更加公正合理的国际体系和秩序。陈冀平建议中欧双方积极建设国际法治，维护世界和平与发展；服务落实 G20 杭州峰会成果，助力"一带一路"建设；加强中欧法律智库建设，提升论坛层次。西班牙驻华使馆内政参赞埃米利奥·普列托强调中欧法学法律交流的重要性，指出中国–欧洲法律论坛为知识产权、警务合作等众多法律问题的解决提供了极好的平台。

2. 中欧法律研究中心

2016 年中欧法律论坛开幕式上，中外方嘉宾共同见证了"中国–欧洲法律研究中心"和"中国–欧洲法律培训基地"的成立，并举行首次中国–欧洲法律研究中心理事会会议。中国–欧洲法律研究中心是我国首家开展中欧法律与政策交流研究的高规格、综合性、专门化平台。中心将深化中国与欧盟以及欧洲国家在法律政策层面的交流与合作，加强对欧盟法和欧洲各国法律制度的研究，并在此基础上为推进发展中欧全方位合作提供法律引领、保障和智力支持。中心的成立，是中国–欧洲法律论坛的重要成果，标志着中欧法治合作迈入新阶段。

（四）带领金砖国家、新兴国家法律机制走向世界

与金砖国家加强法律合作是国际形势、世界经济发展和全球法治发展的需要，对金砖国家乃至世界政治、经济、法治都将产生积极而深远的影响。金砖国家法律论坛增进了各成员国法学法律界之间的交流互鉴，促进各成员国法治发展，为金砖国家合作机制的健康发展提供法律支持和保障，对于提升发展中国家的话语权和决策权，推动建立更加公正合理的国际体系和秩序具有积极意义。

2015 年 10 月 14～15 日，由中国法学会主办，巴西律师协会、俄罗斯法律家协会、印度律师协会、南非法学会联合主办，上海市法学会、华东政法大学承办，上海市律师协会、国浩律师事务所、中伦律师事务所、君合律师事务所、上海财经大学、复旦大学法学院协办的第二届金砖国家法律论坛在华东政法大学召开。论坛主题为"加强法律合作：打造金砖国家命运共同体"。来自中国、巴西、俄罗斯、印度、南非的法学法律界、企业界代表 200 余人参加了此次论坛。开幕式上，金砖国家法律人才培养基地、金砖国家法律研究院宣告成立，金砖国家争议解决上海中心正式揭牌。在本届"金砖国家法律论坛"召开期间，举行了专家委员会第一次会议。该专家委员会由 24 名中外人士组成，旨在指导和保障金砖国家争议解决上海中心的良好运作，将通过召开定期会议机制，对金砖国家争议解决上海中心的各项工作、活动进行总结和交流，推动和促进金砖国家间金融、投资及贸易等领域的友好合作和良性发展。中国法学会会长王乐泉出席开幕式并讲话。他强调，金砖国家法学法律界应坚持开放、合作、包容、共赢的理念，更加积极地参与国际法治进程，共同谱写金砖国家法律交流合作的新篇章。为推动金砖国家法律论坛更好地发展，王乐泉提出了三点建议：倡导合作共赢，维护世界和平；开展法律外交，推进国际法治；完善机制建设，深化务实合作。王乐泉希望，金砖五国法学法律界携手并肩，将论坛打造为金砖国家开展法律合作的长效平台和法律智库，打造成建设新型国际关系的典范，开创金砖国家更加美好的未来。

2016 年 9 月 10～12 日，第三届金砖国家法律论坛在新德里成功举办，论坛主题为"为打造有效、包容、共同的解决方案构建法律框架"，金砖五国法学法律界 200 余位代表出席论坛。来自金砖五国的 20 余位法律专家学者围绕"金砖国家金融与法律合作重点问题与关键领域""国际民商事法律新兴体系：构建金砖国家统一战略与合作机制的现实需要""国际仲裁与争议解决：构建金砖国家及新兴国家争议解决机制"等热点问题展开了讨论，对金砖国家法律合作当前面临的具体困难与挑战提出了解决思路。本届论坛在机制建设方面取得突破性进展，成立了金砖国家争议解决新德里中心，成立了金融与财税法专业委员会、争议解决与调解专业委员会，通过并签署了《新德里宣言》，举办了金砖法律人才印度法研修班。

在本次论坛的主旨发言中，中国法学会党组书记、常务副会长陈冀平强调，金砖国家要加强沟通，凝聚共识，齐心协力，努力成为世界经济发展源源不断的引擎，提升在国际事务中的话语权和决策权，推动国际关系的法治化和民主化，建立高效、包容、开放、共赢的合作机制。他就如何用法治凝聚金砖国家的合作共识、巩固金砖国家的合作基础、为金砖国家合作机制下的重大举措保驾护航、预防化解合作中的风险和争议提出了五点思考。第一，以法治互信促进政治互信。金砖五国对法治的重视，为相互之间的合作机制法治化提供了政治基础，而合作机制的法治化也必将进一步增强金砖五国的政治互信。第二，以法治共识凝聚合作共识。金砖国家应当建立法治共识机制和实质性的法律合作机制，把法治作为金砖五国合作各方价值理念的最大公约数，用法治方式弥合分歧、设定权利和义务、预防和解决纠纷。第三，在金砖国家合作机制框架下探索构建一体化的商事规则体系和特色鲜明的争议解决机制。其中，商事规则体系应当坚持平等原则、诚实信用原则、高效便捷原则。争议解决机制应坚持谈判协商优先原则，在设计和适用仲裁或者司法程序时要保障当事国家或者其他利益主体的参与权、选择权、知情权和救济权。第四，金砖国家作为国际关系中的重要力量和国际体系的重要建设者，应在推动国际法治发展方面承担更多责任，应在全球治理、国际经济金融体系改革等重大问题上密切沟通配合，维护好新兴市场国家和发展中国家权益。第五，中国有义务也有能力为金砖国家合作机制做出应有的法治贡献。中国积极参与国际法治建设和联合国立法、执法和司法活动，是国际法治的坚定维护者和建设者。中国在推进"一带一路"建设中，也把法治引领和保障放在突出的位置。陈冀平表示，中国法学会是中国法治和国际法治建设的一支重要力量。中国法学法律界愿与金砖各国同行建立更为紧密的合作关系，结成更为紧密的法律共同体、命运共同体，为金砖国家合作注入更多法治正能量、新动力。

（五）立足东北亚，推动区域法律实践合作

2015 年 10 月 24 日，由中国法学会主办，山东省法学会和山东大学共同承办的中日韩法律论坛在济南举行。来自中日韩三国的法学法律界的专家学者共计 180 多人参加了论坛。本届论坛的主题是"面向未来，共建丝路——中日韩自贸区法制建设"。参加论坛的中日韩代表围绕"中日韩自贸区金融与投资法律问题""中日韩自贸区国际贸易法律问题""中日韩海商与环境保护法律问题"等议题进行交流探讨。在论坛开幕式上，举行了"中日韩法律研究中心"和"中日韩高端法律人才培养基地"揭牌仪式。

中国法学会党组书记、常务副会长陈冀平在开幕致辞中强调，国际性区域经济合作，离不开法学理论支撑和法律服务，建立完善、良好的法律环境是中日韩经济合作的重要保障，也是建立中日韩自贸区的重要内容。他希望中日韩法学法律界能够共同努力，将该论坛打造成三国法学法律界开展交流与合作的战略性、智库型、全方位、高层次的长期交流机制与平台，为中日韩自贸区建设和"一带一路"共商共建共享提供法律保障与智力支持。

2016 年 10 月 20～22 日，第二届中日韩法律论坛暨第四届东北亚法律论坛在吉林长春成功举办，最高人民法院、工信部、国务院法制办、日中法律家交流协会、蒙古国律师协会、（俄罗斯）国际法律家联盟、中日韩民商法统一研究所、中日韩三国合作秘书处等来自中

国、日本、韩国、蒙古国等国家和地区的150多位法学法律界代表参加了论坛。论坛探讨了"推动东北亚地区的司法协助合作""创新型中小企业的法律保护""新安全格局下的国际经济争端解决""金融市场管理法治与区域合作",结合东北亚法学研究与司法实践的区域特点的议题,对东北亚地区及亚洲的法治发展具有前瞻性、建设性意义。在充分考虑参会代表学术资源与专业背景的基础上,同时举办了"亚洲合同法原则－合同的履行"分论坛,探讨"创新型中小企业合同法保护"的新路径、新方案。论坛开幕式上,举行了"东北亚法律研究中心"和"东北亚高端法律人才培养基地"揭牌仪式,初步完善了论坛机制建设。此外,吉林大学法学院还与蒙古国律师协会签署了《双边合作备忘录》,对于加强中蒙两国法学法律界的务实合作,推动区域性、国际性法学教育和法律实践合作的对接具有积极示范作用。

中国法学会副会长张鸣起在讲话中指出,近年来,东北亚国家间务实合作不断推进,国家间战略互信不断加强,有力促进了区域一体化的发展。加强法学法律界的交流,对于增进互信、促进合作,推动实现地区持久和平与繁荣具有积极意义。应加强法治交往,共同推动国际法治建设;深化务实合作,推进区域法治一体化;推动论坛建设,提升论坛国际凝聚力和影响力。吉林省法学会会长李申学在致辞中指出,东北亚区域经济合作需要法律的支撑和保障,各国法学法律界应加强法律研究,为区域经济合作发展提供法理支撑。希望东北亚各国法学法律界进一步加强沟通和交流,促进学术交流和资源共享,共同为东北亚的和平、稳定与繁荣做出积极贡献。

（六）搭建中拉新平台,探索法律合作新空间

2015年8月,东亚－拉美合作论坛第七届外长会议在哥斯达黎加首都圣何塞召开。本届亚拉论坛外长会议的主题是"两个地区,

同一愿景"。东亚－拉美法律论坛作为东亚－拉美合作论坛框架下唯一的法律专业性合作平台，被写入会议成果文件《圣何塞宣言》第11条："我们赞成法律事务对话对于加强两地区法律界交流互鉴、强化双边互相了解、推动两地区合作的重要意义。因此，我们注意到，第二届东亚－拉美法律论坛将于2015年9月25日在上海举行。"

2015年，由中国法学会倡议发起的中国－拉美法律论坛被纳入中国－拉共体论坛框架，成为中拉论坛分论坛，这一成果在中国－拉共体论坛首届部长级会议审议通过的成果性文件《中国与拉美和加勒比国家合作规划（2015~2019)》中予以确定："鼓励中拉司法机构间加强互动，包括司法交流，扩大刑事和民事司法互助合作。双方同意将现有的中拉法律论坛纳入中拉论坛框架下定期举办。"

2015年9月25日，以"亚拉经贸法律合作"为主题的第二届东亚－拉美法律论坛暨中国－拉美法律研究中心（上海）、中国－拉美法律培训基地（上海）成立仪式在上海财经大学隆重举行。论坛由中国法学会主办，上海市法学会、上海财经大学、上海政法学院承办，中国政法大学拉丁美洲和加勒比海地区法律和公共政策研究中心、中国政法大学西语国家法律研究所协办。来自中国和拉美共10余个国家的近80位政府官员、律师、学者、留学生等参加了研讨会，为中拉法律务实合作搭建了新平台，拓展了新空间，为中拉法律论坛健康、全方位、可持续发展提供了智库保障。张鸣起副会长在致辞中回顾了中国与拉美国家传统友谊，指出当今中拉关系发展正面临新的历史机遇。他提到，在当前中国全面推进依法治国的大背景下，开展对外法学交流是中国法学会的重要职责，而加强与拉美国家法学法律界的交往是其中的重点之一。作为中国－拉共体论坛框架下的重要活动，中拉法律论坛已成为中拉法律交流合作的一面旗帜。此时成立中国－拉美法律研究中心（上海）和中国－拉美法律培训基地（上海）恰逢其时，将为中拉法律合作提供智力支持和人才保障。

　　2015 年、2016 年是中国对外法律交流极为重要的两年，在这两年中，中国积极巩固了与许多国家、地区的法律交流，也打开了与很多国家、地区的法律交流大门，取得了显著成就。虽然交流的过程中充满了困难和挑战，但这是无法避免的，我们能够做的就是以变制胜、想办法、找办法、创新办法解决问题，为中国法律文化"走出去"、中外法律文化交流奠定坚实的基础，使未来中国法律文化更深更远地"走出去"。

第五章　中国国际关系研究学术成果
"走出去"[*]

　　习近平主席在讲话、会谈和署名文章中，反复谈到中国梦的历史渊源与现实基础，反复谈到中国道路的背景与内涵，反复谈到中国和平发展的主张与理念，他不断在国内外的不同场合宣传中国的理念，提出"增信释疑、凝心聚力"，有针对性地对外传播中国形象。所谓"增信释疑、凝心聚力"，就是要用情感的沟通、理性的说服、价值观的共鸣，推动传播效果的最大化，形成"最大公约数"，为中国发展创造更好的外部环境。[①] 针对外国的误读甚至诋毁，如果不去主动宣介，不把自己的想法说清楚，中国形象就很难建立，为此，中国媒体持续不断地解释"一带一路"的和平属性。另外，面对经济全球化的浪潮，人们同样思考一个问题，全球化必然带来国际政治格局的变革。而这种变革无疑会增加国家间的交流或造成国家间的利益碰撞。面对新的国际政治问题，国际政治传播被赋予了新的使命。近些年来，作为政治学和传播学聚合领域的国际传播研究，越来越受到关注和青睐，研究成果日益增多。考察过去两年中国国际关系研究成果"走出去"，有助于我们进一步保持头脑清醒、提高研究质量，为中国国际关系研究学术成果对外传播提供有益指导，推动中国国际关系

---

　　*　宋珊，北京外国语大学国际关系学院 2017 级研究生。

　　①　杨振武：《把握对外传播的时代新要求》，《人民日报》2015 年 7 月 1 日。

学术成果"走出去"。

国际关系研究学术成果"走出去"的重要目的是消除国际社会对中国的疑虑，讲好中国故事、传递好中国声音，促进世界了解中国的立场和主张，使外界对中国有一个客观公正的认知与评价，营造一个比较好的外部舆论环境。

一　2015～2016年中国国际关系学术成果海外传播的困境与挑战

（一）国际传播与国际关系

国际传播与国际关系历来有着密切的联系，这一点无论从传播报道的内容、对象、目的等来看，还是从国际关系涉及的内容来说，都是显而易见的。

国际传播与国际关系的互动最早可以追溯到近代国际关系的早期。从历史来看，国际关系与国际传播之间会产生密切的联系是必然的。15～16世纪，地中海沿岸和尼德兰地区海上贸易已经达到了相当发达和繁荣的程度，为了及时了解海外商情和其他相关情况，一些以提供此类信息为主要内容的手抄传单和新闻书简应运而生。如果说这些手抄传单和新闻书简可以被看作近代报纸的始祖，那么可以说明报纸在诞生之初就具备了国际关系的性质。

现代社会，国际传播开始发挥越来越重要的作用，它不再只是以报道新闻、传递信息为主要任务，而是积极、主动地介入各种国际事务，并且有意无意地影响国际事务及国际关系发展进程。从大的方面来说，国际传播对国际关系潜移默化的影响，使得国际关系在很多方面发生结构性变化。在国际传播和信息化时代，国与国之间更多是在民族独立、宗教信仰、文化等方面的思想较量。因此在这样的时代发展潮流中，许多国家通过国际传播，向外宣传自己的外交政策和目标。许多国际事务活动要借助国际传播展开；外交决策要考虑国际传播所引导的舆论倾向；很多外交、军事等活动在事前事后都要召开记者招待会，以表明政府的开明；国家大政方针要通过国际传播向外宣传。世界各国越来越意识到，国际传播已经成为国际关系领域中不可或缺的组成部分。同时随着经济全球化和政治国际化的发展，国际关系越来越成为影响世界和平的关键因素，国际传播也在不断地调整自身以适应变化发展的国际关系。

（二）中国的外交实践与国际传播

国际形势从来都是复杂多变的，如何分析和判断国际形势，始终是中国领导人考虑的重大问题。和平、发展、合作、共赢，是中国外交的既有主张，坚定不移地致力于维护世界和平、促进共同发展，是中国外交的努力方向。[①] 中国政府一向主张，在国际关系中弘扬平等互信、包容互鉴、合作共赢的精神，共同维护国际公平正义。在和平、发展、合作、共赢的旗帜中，最引人注目的就是"合作共赢"的理念。这一理念要求中国必须广交朋友，加强沟通交流，将中国声音传播出去，粉碎"中国威胁论""中国霸权论"等有损中国形象的污蔑言论，让世界了解真正的中国，让世界知道中国是爱好和平、愿意谋求共同发展的发展中大国；让世界知道中国不会称霸，现在不会，以后也绝不会；让世界知道与中国进行互惠互利的合作，可以最终实现共同的利益。

自 2015 年以来，中国外交以和平、发展为主线，以强大实力为

---

① 《党的十八大报告》 （全文），http://ylxf. yn. gov. cn/Html/News/2015/6/4/95143 _ 18. html，访问日期：2018 年 7 月 5 日。

依托，以大视野、大思路、大气魄、大格局、大手笔全面布局，全力推动落实"一带一路"倡议。截至 2016 年底，中国已同 97 个国家和国际组织建立不同形式的伙伴关系。中美、中俄、中欧、中日韩、中国－东盟、中非关系都有了进一步的发展，在坚持不结盟的原则下，形成遍布全球的伙伴网络关系，同时也充分展示了大国风采和大国担当。

　　2016 年无论对中国还是对世界而言，都是不平凡的一年。"一带一路"倡议在这一年进入了全面推进、初见成效的时期，随着亚投行、丝路基金和众多经济合作项目的设立，"一带一路"建设正在从倡议走向实施。2016 年 9 月，中国在杭州举办了 G20杭州峰会，向世界提供了中国方案，首次聚焦全球增长中长期动力；首次将发展问题置于全球宏观政策框架突出位置；首次制定结构性改革优先领域、指导原则和指标体系；制定全球首个多边投资规则框架；首次把绿色金融议题引入 G20 议程；并在经济、气候、安全等多个领域达成了共识，G20 杭州峰会取得了巨大成功。

　　近些年来，中国的经济实力和外交实力不断提高，在对外传播方面也不再简单地强调融于全球话语体系，而是提出了更高和更新的策略方针。2015 年 5 月 1 日，习近平总书记在对《人民日报》海外版创刊 30 周年的指示中提出："用海外读者乐于接受的方式、易于理解的语言，讲述好中国故事，传播好中国声音，努力成为增信释疑、凝心聚力的桥梁纽带。"① 只有顺应国际发展潮流，紧扣国家大政方针，才能传播好中国声音，讲好中国故事。

---

① 《习近平就人民日报海外版创刊 30 周年作出重要批示》，http：//politics. people. com. cn/n/2015/0521/c1001 - 27038345. html，访问日期：2018 年 7 月 1 日。

（三）困境与挑战

中国的国际关系对外传播起步较晚，相关研究与国外相比，有着较大的差距。第一，目前学术界尚没有形成显著的研究议题，已有的研究成果大多以案例点评和经验总结为主，从研究方向看，新闻传播和政治学两分天下；第二，尽管已有成果中许多文献已涉及媒体与政治、媒体与软实力等问题，但因研究方法的窠臼，总体看少有新的视角；第三，批判性反思性的作品较少，大多是以政策理论为导向，阐释政策居多，前瞻分析较少；第四，尽管学术界已开始关注外国经验，试图通过比较分析寻找解决中国问题的答案，但机械分析较多，深刻的研究较少；第五，研究方法以定性研究和思辨研究为主，定量研究较少，研究方法较为单一。[①]

文本分析往往可以得出一些有价值的结论。第一，很多重要的基础性概念模糊不清。例如，政治传播、国际关系传播、国际传播、对外传播、全球传播、跨文化传播、公共外交等概念往往在专著、论文中反复交叉使用，内涵概括混乱不清，导致其可信度下降。第二，无论是论文还是专著，中国的学者乐于提供对策建议，但遗憾的是，这些建议往往少有理论支撑，实际效果甚微。第三，在新媒体、大数据时代，学者们仍仅仅将媒体作为话题讨论的背景，较少有针对性地深入研究，这使得中国有关国际关系传播以及传播媒介的研究不足，缺乏时代感。

与中国外交传统不同，中国国际关系对外传播由于起步较晚，很难得到国际社会的普遍认同。例如，国内主流媒体特别强调中国经济发展的巨大成就，以显示中国的强大，尽管是想达到营造中国良好国家形象的目的，但在国际上产生的效果并不十分理想。"建构主义"

---

① 荆学民、周培源：《省察中国国际政治传播研究》，《对外传播》2016 年第 1 期。

认为，当一个国家展示自己的强大时，对于朋友可能是一种积极的效果，如果他国把你视作敌人，则这种展示反而会成为对手打击自己的契机。而决定朋友与敌人的，正是一种观念上的建构，或者说是价值认同和道义力量。目前国内学者一边倒地认为，西方之所以打压中国，是因为中国比以前强大了。实际上，中国目前在国际上所遇到的困境，不仅仅是国力增强的结果，当然还包括国际关系传播的研究和应用远远滞后，这使得在这些理论支撑下的政府实践，仍没有获得国际上的普遍认同。因此，我国国际关系学术成果对外传播任重而道远。

二　2015～2016年中国国际关系国际传播分析

（一）中国学者发文数量分析

通过在 WOS 平台上以 "AD＝China" "SU＝International Politic" "时间＝2015～2016" 为检索条件进行检索，得到2015～2016年，中国学者在 SSCI 期刊共发表文章64篇。

从这一数据可以看出，近两年来，中国学者在国际关系领域的国际刊物上发表的论文数量较前几年有递增趋势。结合历史来看，从建库之时起至2016年，中国学者在 SSCI 期刊上发表的论文总计213篇，而2015～2016年的发表数量即占总量的30%。由此，我们可以得出一个结论：2015～2016年，中国国际关系领域研究成果的国际化程度继续稳步提高。

2015～2016年被引频次最高的十篇论文

1. Impacts of OPEC's Political Risk on the International Crude Oil Prices: An Empirical Analysis Based on the SVAR Models（《欧佩克政治风险对国际原油价格的影响：基于 SVAR 模型的实证分析》）

2. Prospects of Pakistan-China Energy and Economic Corridor（《巴中能源和经济走廊的前景》）

3. A New Politics of Development Cooperation？Chinese and Brazilian Engagements in African Agriculture（《发展合作的新政治：中国和巴西在非洲农业领域的合作》）

4. Science，Technology，and the Politics of Knowledge：The Case of China's Agricultural Technology Demonstration Centers in Africa（《科学、技术和知识政治：中国农业技术示范中心在非洲的案例》）

5. Institutional Duality and Political Strategies of Foreign-invested Firms in an Emerging Economy（《在新兴经济体中外资企业的制度二元性和政治策略》）

6. A Relational Theory of World Politics（《世界政治的关系理论》）

7. Return Migration of the Highly Skilled in Higher Education Institutions：A Chinese University Case（《高等教育机构高技能人才的回归：一所中国大学的案例》）

8. Evaluating Practices and Drivers of Corporate Social Responsibility：The Chinese Context（《评估企业社会责任的实践和驱动力：中国环境》）

9. The New Politics of Development：Citizens，Civil Society，and the Evolution of Neoliberal Development Policy（《发展的新政治：公民、市民社会和新自由主义发展政策的演变》）

10. International Systems and Domestic Politics：Linking Complex Interactions with Empirical Models in International Relations（《国际体系和国内政治：将复杂的互动与国际关系中的经验模型联系起来》）

通过观察这10篇被引频次最高的文章，我们可以发现，与国际关系专业学科相关的只有两篇，侧重点在经贸联系、政治制度以及环境等，由此可见，我国国际关系领域的学者在进行对外传播时，虽然在数量上有了很大进步，但是质量仍有待提高。

（二）中国学者成果分析

通过检索可以看到，2015～2016年，中国国际关系领域的学者，在以 SSCI 和 A&HCI 为代表的国际学术期刊上的发文量，再创历史新高。这样的成绩，一方面是学者们自身不断努力和整个国际关系学科领域水平提高的必然结果，另一方面也与国家对国际关系学科的重视程度逐渐提高有较大关系。放眼中国学术界，精通外语、有海外留学背景的人才越来越多，这直接提高了中国国际关系学界的国际化程度，也使我国学者的文章、著作等更好地对外传播。中国国际关系学术成果涉及中国外交政策、维和、气候、经济、文化等国际热点问题，主题与国际关系不断的变化发展息息相关，将其翻译成多国语言，使国外民众能够更准确、更全面、更真实地了解中国的对外政策，从而消除以往对中国发展产生的疑虑和误解，这对我国实现和平发展、创造有利的国际环境产生了积极的促进作用。

检索2015年至2016年的研究成果，仅从数字上来看仍不尽如人意。主要的问题在于，国际关系传播局限于包罗万象的"国际传播"，未能反映出国际传播的政治属性，分散了国际关系传播的聚焦点，涉及的范围过于宽泛，降低了国际关系传播的精准性。另外，把国际关系传播压缩在国内视角的"政治传播"，误以为产生于国内政治传播的知识和理论可以无条件地适用于国际关系传播，这就导致很多概念不清晰，对很多问题的解读太过"中国化"，会使国外受众对我们想要传达的内容产生误解，对中国的对外政策产生错误的认识。

案例一：国际形势和中国外交蓝皮书（英文版）

自2006年起，中国国际问题研究院每年集中调研力量编撰《国际形势和中国外交蓝皮书》，该书内容涵盖大国国情与地区形势、国际重点与热点问题、中国对外关系成就与挑战等，其宗旨是帮助广大读者全面认识国际形势和正确理解中国外交政策，对国内外读者全面认识国际形势和客观理解中国外交政策产生巨大影响。

《国际形势和中国外交蓝皮书（2016）》正文由上下两篇组成。上篇主要对 2015 年国际形势做专题述评，包括大国国情与外交、主要地区形势、国际及地区问题等；下篇重点评析 2015 年中国外交思想与实践，包括中国外交布局、中国与其他国家及地区关系、领域外交等。①

2015 年给国际社会留下了深刻的回顾与思考空间。国际格局自 21 世纪开启后一直经历十分复杂深刻的调整，世界形势的主流依然是和平、发展与合作，冲突和动荡并存。世界经济发展总体下行压力较大，新兴经济体地位提升，但发展进程中仍有短板。国际安全形势出现诸多新特点和新变化，国际安全之内涵与外延都有扩展，传统安全问题与非传统安全问题交织显现。在这样的形势下，中国前所未有地接近世界政治经济舞台的中心，中国变量在国际格局中的影响力不断增强。随着世界各国日益连成一个整体，各国政治经济联系日益密切，中国国际关系的对外传播就显得更加重要、更加迫切。在这个时候，我们只有不断地推动我国的国际关系学术成果"走出去"，才能让外国民众有途径去及时了解中国的变化以及真实的中国，从而有助于消除误解，实现真正的对话交流，互惠互通。

2016 年，国际格局经历了复杂深刻的变化。大国间围绕全球和地区秩序主导权与影响力的战略博弈更趋激烈，全球治理任重道远。② 在国际大棋局中，中国国际地位和影响力进一步凸显。《国际形势和中国外交蓝皮书（2017）》一书在上篇对 2016 年国际形势做

---

① 中国国际问题研究院：《国际形势和中国外交蓝皮书（2016）》，世界知识出版社，2016。
② 中国国际问题研究院：《国际形势和中国外交蓝皮书（2017）》，世界知识出版社，2017。

了专题述评，在下篇中对 2016 年中国外交做出评析。

外交蓝皮书每年出版一本，并且译有英文版，供国内外受众了解中国的对外政策以及中国学者对国际形势的解读，更有效地传递中国声音，将中国最真实的一面展现给世界。

案例二：世界知识出版社——中国国际关系学者专著"走出去"的传送带

世界知识出版社成立于 1934 年，是由外交部主管的具有广泛社会影响的权威性国际问题书刊出版社。经过数十年的发展壮大，出版社联系和团结了一大批具有较高业务水平的学者、作者队伍，与美、英、法、日、西班牙等十多个国家和地区建立了版权贸易关系。

世界知识出版社出版的图书内容涉及国际政治、外交、经济、文化、军事、科技等方面。该社出版的书刊除在中国拥有大量读者外，还销售到世界上 100 多个国家和地区。该社与匈牙利、罗马尼亚、朝鲜、印度、巴西、奥地利等国家的几十个出版社、杂志社建立了人员互访、资料交流等联系。①

建社以来，世界知识出版社为中国的国际关系理论研究和对外传播发挥了重要的作用，为全世界提供了一扇看中国的窗户，也为中国国际关系研究领域的学者提供了一个传播中国学术成果的平台。

案例三：社会科学文献出版社

社会科学文献出版社成立于 1985 年，是直属于中国社会科学院的人文社会科学专业学术出版机构。社会科学文献出版社坚持"权威、前沿、原创"的产品定位，走学术产品的系列化、规模化、市场化经营道路，先后策划出版了著名的图书品牌和学术品牌"皮书"系列、列国志丛书、"全球化译丛"、"社会理论译丛"等一大批既有学术影响又有市场价值的系列图书。②

---

① https：//baike. baidu. com/item/% E4% B8% 96% E7% 95% 8C% E7% 9F% A5% E8% AF% 86% E5% 87% BA% E7% 89% 88% E7% A4% BE.

② https：//wenku. baidu. com/view/3953bfd0770bf78a652954a6. html.

社会科学文献出版社积极参与国际学术以及国际出版合作交流，长期致力于中国学术出版"走出去"，努力将中国优秀社会科学研究成果推向世界，每年有数十种图书入选"丝路书香"项目、中华学术外译项目等。2018 年入选北京市新闻出版广电局组织的首批首都新闻出版广电"走出去"示范企业。目前，已经与英、美、法、德、日、韩等国及港澳台地区 40 多家出版和学术文化机构建立了长期稳定的合作关系。近年来，"走出去"成绩斐然。其中，具有代表性的"走出去"成果有《中国对外关系》（阿文版）、*A Strategy for Security in East Asia*：*Shanghai Cooperation Organization*、*Annual Report on the Development of the Indian Ocean Region*（2015）等。社会科学文献出版社努力为中国学者精心搭建国际学术传播平台，发出中国学者的声音。

（三）2015 年，"创造性介入"三部曲正式完成

随着中国经济实力的增长和国际影响力的上升，国际社会对中国有了更高的期待，希望中国能够承担更大的国际责任。面对不断变化的国际国内形势，中国国际关系领域的学者也在不断探索新的外交理念。北京大学国际关系学院副院长王逸舟教授提出了"创造性介入"这一新的外交理念。2011 年和 2013 年，他先后推出《创造性介入：中国外交新取向》《创造性介入：中国之全球角色的生成》两部著作，2015 年 11 月，《创造性介入：中国外交的转型》面世，标志着关于中国外交思考的"创造性介入"三部曲正式完成。"创造性介入"如今已经成为中国国际关系学界的热门词语，而王逸舟教授正是中国提出"创造性介入"理论的第一人。

"创造性介入"系列图书以中国外交转型为主题，探讨在变革的大背景下，中国外交的社会基础、外交工作应怎样适应新的要求，以

及外交转型的方向。王逸舟认为，自 2008 年以来，中国已发展成为一个全球大国，成为世界第二大经济体，我们越来越能感觉到中国在世界各地的影响力不断加强。在这样的背景下，中国开始进入一个积极、有为、奋发进取、创造性介入的时代。

近年来，中国的外交官们在处理一些危机事务的时候已经开始体现"创造性介入"所提倡的建设性思维。如中国驻南非大使和外交部非洲司司长刘贵今在担任"中国政府达尔富尔问题特别代表"一职的过程中，在达尔富尔等地区深入苏丹各方基层，耐心做各方工作。在某种意义上说，正是中国大使的公正、诚恳、耐心和细致让苏丹各方在南北分治后都和中国保持了良好的关系。"创造性介入"在这个事例中也表现为中国外交对世界性难题的主动解决。另外，"创造性介入"也体现在索马里护航，中、老、缅、泰四国在湄公河联合巡逻执法等各个领域。

此外，2011 年 2~3 月，中国政府在北非国家利比亚展开的大规模撤离人员行动，也是中国对外关系史上一次值得总结分析的"创造性介入"举措。这次大撤离，第一次使用了海陆空联动的撤离方式，第一次大规模动用了民航客机并租用了外国游轮和飞机，第一次采用将人员摆渡到第三国再撤回中国的方式，第一次使用了只有一张纸的中国公民应急旅行证件。这是中国军队、政府部门和企业第一次在海外公民保护问题上联合展示中国的"国家能力"。这次撤离行动充分显示出中国独有的良好国际关系、出色的外交斡旋能力、自身雄厚的财力物力和强大的组织动员能力。

这一新理念也对国际关系学界产生了深远的影响，顺应了时代发展的潮流，对国际关系研究学术成果"走出去"更是有很大的影响，也给很多学者提供了借鉴，激发学者们思考，从而使我们的学术成果在海外更有影响力。

（四）"中国学派"——用中国人的视角解读世界

近年来，"中国学派"的提出是中国国际关系研究中的一股新流。"中国学派"强调，其来自中国深厚的历史和文化，立足于中国本土的实践基础，从中国特色社会主义建设事业的需求和视野出发，具有中国气派、中国风格，推动和实现思想创新、理论创新、制度创新、话语创新。

随着中国国际影响力的增强，"中国学派"应当在世界范围内讨论和推广。这种理论性的构建工作目前已经变得越来越迫切了。而且，理论构建要放在中国自己真正的经验里去谈。清华大学教授汪晖说："要讲'中国学派'，不能光对我们自己讲，还要对外讲，让别人能够信服。那些我们曾经熟悉、而今天已经抛弃的知识，要把它们重新加以改造，重新澄清理论的是非，这是很重要的一件事情。"①

"中国学派"并不是只研究中国的学派，要进行世界性研究，但是要以中国为立脚点，为出发点，为归宿。目前在中国这样丰富和良好的研究条件下，正是启动"中国学派"的大好时机。

中国的学者有义务对中国的创新进行理性、客观、专业化的总结，并用外国民众能理解和接受的方式和语言及时介绍给世界，帮助他们改变对中国的固有印象，重新认识中国、接纳中国，与中国做朋友。

三　中国国际关系学术成果"走出去"的主要特点

（一）塑造国家形象

国家形象是指一国在其他国家人民心目中的综合评价及印象。它

---

① 《中国的伟大实践呼唤"中国学派"》，http://www.360doc.com/content/17/1115/15/192378_704068659.shtml，访问日期：2018 年 8 月 1 日。

是国家力量和民族精神的集中表现与象征，是一国综合国力的体现，也是一个国家最宝贵的声誉资产。良好的国家形象有助于该国发展战略的实施，也可以使国家在国际交往中占据主动位置。目前，中国已经成长为全球第二大经济体，国际地位也越来越高，政治、经济、文化、军事等综合国力显著提高，然而，中国国家形象的塑造却相对滞后。

正处在重要转型期的中国，亟须进一步化解矛盾，加强国际交流，将真实的中国展现给世界，从而更好地融入世界，得到国际社会的理解和支持。正确表达"和平发展"的理念，扭转被西方民众误读的中国国家形象，是提升国家形象的关键。新的时代赋予国家形象新的内涵，我国必须顺应时代发展潮流，在我国政府的积极引导下，塑造中国国家新形象。

因此，中国需要在对外传播中寻找更加恰当的方式消除国外民众的隔阂和疑虑，在国际传播中还原中国爱好"和平与发展"的真实国家形象，并向世界人民表示中国愿意与各国一道，共同发展，互利共赢，积极建立新的世界政治经济秩序，维护世界和平。

（二）传递中国声音、讲好中国故事

2015～2016年，中国学者在国际国内大环境下，开始关注国际关系学术成果的对外传播，大量学术作品应运而生，质量逐年提升。同时我们也应注意到，在面对突发危机事件时，相较于西方媒介传播，我们还是显得经验不足、传播能力有限。整体来看，我国学者在进行学术作品海外传播的过程中呈现出以下特点：文章多是以时代发展为大背景，紧扣时代发展潮流，响应国家的外交政策，代表中国人民和中国政府通过非官方的方式对外传递中国声音、讲好中国故事；通过数据分析可知，近两年来，中国学者在国外报刊、网站上发表的

文章越来越多，同时质量也有很大的提升，研究涉及中国的政治、经济、文化、外交、军事等诸多领域，让世界能够从方方面面了解中国，从而消除对中国的误解和疑虑；经过我们不懈的努力，中国学者的海外传播作品也逐渐得到国外受众的认可和接纳，他们对中国的固有印象在慢慢改变，也愿意消除心中的芥蒂，与中国进行友好合作；由于中国在话语权方面的不足，中国国际关系研究学术成果"走出去"依然面临很大的困难，在进行海外传播这方面，我们还有很长很艰难的路要走。

（三）重视国际关系理念的阐释："人类命运共同体"与中国特色大国外交

党的十八大以来，党中央大力推动外交理论创新。2015 年 9 月 28 日，习近平主席在第七十届联合国大会上发表了题为《携手构建合作共赢新伙伴　同心打造人类命运共同体》的主旨演讲，向世界庄严宣布"打造人类命运共同体"的重要主张。"打造人类命运共同体"引领了中国国际关系学术成果的新方向，成为中国国际关系研究学术成果"走出去"的强大政策支撑。而在路径选择上，唯有努力让更多的外国人听到中国的声音，才能消除误解与隔阂，增进中国与外界的交流与融合，才可以更好地构建"人类命运共同体"的理论框架。

回顾 2015 年、2016 年，"中国外交在理念上丰富发展了中国特色大国外交内涵，在实践上彰显了打造命运共同体的大国担当，在形式上呈现出鲜明的中国特色、中国风格、中国气派"。[①]

在世界多极化和经济全球化的时代潮流下，随着中国综合国力的不断提升和国际地位的不断提高，中国与国际社会的联系日益密切，

---

① 何茂春、郑维伟：《2015 中国外交理念、实践盘点》，《人民论坛》2016 年第 2 期。

同各国的交往日益增多，发挥着重要的地区和国际作用。在这样的时代背景和国情下，这一时期对外传播的学术成果大多是围绕中国的外交理念、外交政策及外交实践展开研究的。

四　对中国国际关系研究学术成果"走出去"未来发展的若干思考

我们做研究，不能仅仅注重数量，还要重视质量。学术成果数量的增多是质量提高的基础，也是中国国际关系研究学术成果"走出去"的基础。因此，我们要促进高校国际关系研究的发展，要坚持数量和质量的辩证统一，在保证一定数量增长的基础上，着力提高研究的质量。唯有如此，才能使优秀的国际关系研究成果源源不断地产生，特别是要多产出高水平学术成果，从而提升中国国际关系学科的国际影响力。

总体来看，中国国际关系研究学术成果"走出去"刚刚起步，需要付出持续不断的努力才能够继续向前推进。

（一）培养复合型人才

由于语言和传统学科思维的限制，长期以来，中国国际关系学者的声音不够响亮，与以英语为母语的学术大国之间的差距仍然十分明显，与以非英语为母语的欧洲传统学术大国相比，也有一定的距离。要缩短差距，让中国国际关系研究学术成果"走出去"，掌握好外语尤其是英语就显得至关重要。一方面要大力发展一大批具有较高外语水平的专家学者，这将在学术交流中发挥积极作用，在国际重要领域发出中国的声音；另一方面需要培养和选拔一批高水平、专业化的翻译精英，了解国际文化的交流方式，唯有如此，翻译出来的学术成果才会更好地满足国外受众的阅读要求。为此，我们需要创新人才培养方式，加大外语人才的培养力度，进一步加大对国际交流合作的支持，着力培养引领学术发展的外向型专家学者和青年拔尖人才，创造条件使他们尽快成长为"走出去"的核心力量。要支持和鼓励高校办好若干示范性中外合作办学项目，增加全英文课程的设置。外语院校和外语实力较强的高校要重视培养具有较高专业素养的复合型外语人才，这样才能将中国的学术成果、学术思想传递给世界，让国外受众更好地倾听中国的声音。

要想使学术成果国际化，一方面，中国学者应提高外语水平，让自己的学术成果能在更多的英语国家，甚至是非英语国家发表；另一方面，中国学者还应该注意研究国际关系学界新的理论交叉的学科生长点，进行理论创新，要有自己的新理念，将自己的研究更多地与国际研究热点接轨。同时，也应以国际力量为跳板，以国家的大力扶持为后盾，在世界上扩大汉语的影响力和接受度，让中国更多的学术观点得到世界的认可，从而提高中文学术的整体地位，这样才能加快中国国际关系研究学术成果"走出去"的步伐。

（二）政治话语的国际化

在过去的几十年里，中国的发展速度令世界惊叹，国际地位日益提升，国家的综合实力也显著提高。然而，在许多西方国家眼中中国仍是"神秘的东方大国"，仍会误读中国的政治制度和执政理念，并将其视为"中国威胁论"，这种现象的症结就在于西方人难以理解中国的政治话语。

政治话语是由政治活动的参与者发起的、与政治活动相关的各种语类，如政治演讲、政治访谈、政党宣言、政治辩论、社论、外交评论、政府新闻发布会、政府各部门颁布的政策法规或文件、政治广告、政治脱口秀节目、政治新闻报道等。[①] 政治家的政治话语代表了

---

① 唐青叶：《话语政治的分析框架及其意义》，《阿拉伯世界研究》2013 年第 3 期。

国家形象和国家立场。

党的十八大以后，习近平总书记在不同场合发表百余次讲话，语言平易，风格亲民，充满吸引力与感染力。《习近平谈治国理政》一书更是以鲜活的文风，诠释了中国新一代领导集体的思路和主张。书中大量运用了诗词、俗语和寓言故事，使政治话语摆脱了一贯的刻板印象，为中国执政理念的对外传播奠定了良好基础，也为我国学者的学术研究指明了方向。

在明确了政治话语的重要性后，就可以进入对外传播阶段。传播涉及翻译、受众等，翻译人员的翻译水平影响真实意图的表达，在很大程度上决定了传播的效果。受以往翻译风格的影响，翻译的成果往往过于忠实于原文，转换后的政治话语，令国外读者很难理解，甚至产生误解，这影响了中国国际关系研究学术成果"走出去"。虽然党和国家领导人积极转变文风，但仍有学者墨守成规，这大大降低了政治话语的传播效果。因此，我们应该积极转变政治话语模式，使我国领导人的执政思想和治国理念能够很好地对外传播。

目前，我国在国际政治传播中非常重视传播的途径和技巧，习近平总书记也多次强调，我们要建立新型的国际关系，他说："我们的事业是同世界各国合作共赢的事业。建立以合作共赢为核心的新型国际关系，是我们党立足时代发展潮流和我国根本利益作出的战略选择，反映了中国人民和世界人民的共同心愿。面对国际形势的深刻变化和世界各国同舟共济的客观要求，各国应该共同推动建立以合作共赢为核心的新型国际关系，各国人民应该一起来维护世界和平、促进共同发展。"①

---

① 《习近平系列重要讲话读本：建立新型国际关系——关于国际关系和我国外交战略》，http://opinion.people.com.cn/n/2014/0716/c1003-25286946.html，访问日期：2018年11月9日。

（三）重视国际传播的道义力量

现在有很多人把国际关系对外传播理解为"对外政治包装"，这是有失偏颇的。政治传播当然需要"包装"，也需要传播技巧，但其根本取决于事物本身的性质，取决于一个国家是否占有道义优势。[①]塑造良好的国家形象，提升软实力，关键是要重视国际传播的道义力量。软实力的本质就是集体认同和道义力量。

中国学者在开展国际关系传播以及进行国家对外形象建设的过程中，应注意彰显国际传播的道义力量，大力弘扬和践行社会主义核心价值观。在此前提下，应注重提升国际关系传播的艺术和技巧，并使之与公共外交有机融合，进行有效的跨文化传播、去政治化以及危机公关，把传统的"对外宣传"真正转变为现代的"国际传播"，从多个层面实现我国国际关系对外传播模式的转型。

随着全球化的到来，"软权力"日益成为影响国际关系和制约跨文化传播的重要因素之一。以美国为代表的西方"软权力"的扩张对中国大众文化的发展形成了不可忽视的压力和挑战，这提醒我们在不断增强物质上的"硬权力"的同时，也一定不能放松"软权力"建设。在全球化的进程中，我们必须以开放的视野、对话的思维勇敢地迎接这一挑战，在坚持"拿来主义"的前提下，也要实施"送去主义"。[②] 这是时代赋予我们的历史使命，也是我们面对新的国际竞争时的必然选择。

因此，要在国际社会上树立中国的良好形象，有效地进行国际关系的对外传播，很重要的一条就是找到与国外民众共享的一些价值观

---

① 胡伟：《道与术：国际政治传播的战略性思维》，《社会科学》2014 年第 12 期。
② 参见叶虎《全球化进程中的软权力与中国大众文化传播》，《江淮论坛》2006 年第 5 期。

念。所以我们要重视国际传播的道义力量，大力弘扬和践行社会主义核心价值观。

（四）用公共外交推动文化传播

我们要想对外弘扬我国的社会主义核心价值观，不能单靠一般意义上的国际传播，还要进行人际传播。伴随着越来越多的非政府行为体介入公共外交，新公共外交中"公众到公众"的交流模式日益活跃，发挥了较大的作用。

公共外交的主要活动内容多为人员互访、教育交流和考察等。美国政府资助的公共外交项目的特点之一就是政府与非政府、非营利组织的合作，即"政府购买，私人机构负责实施"，其最大优势在于淡化政治色彩，充分了解美国文化，易于建立互信，减少政府投入。[1] 因此，我们除了要运用传统媒体和新媒体传播外，还要注重人际传播的重要作用。

按照一些国外学者的观点，国际关系传播"目标针对外国居民，而非外国政府"，同时"将受众视为'大众'，而非个体"，即宣传者宣传的对象是有共性的群体。[2] 针对国际受众的政治传播，我们主要还是依靠大众传媒，但人际传播的受众也可以是群体的。例如，我们国人在海外的一些不文明行为会给当地居民留下不好的印象，虽然这只是一小部分中国人，却使那些没有来过中国的外国民众以管窥豹，往往就会形成思维定式，产生不良影响。从这个层面上来看，我国国际关系研究成果传播亟须提升国民素质，让国人意识到自身代表着国

---

[1] Sherry Mueller, "The Nexus of US Public Diplomacy and Citizen Diplomacy," Nancy Snow&Philip M. Tayloreds, *Routledge Handbook of Public Diplomacy* (New York: Taylor&Francis, 2009), pp. 101 – 103.

[2] Tran Van Dinh, *Communication and Diplomacy in a Changing World* (New Jersey: Ablex Publishing Corporation, 1988), p. 37.

家的形象，随时随地都要注意自己的言行举止。

从西方的传播经验可以看出，要想提高国际关系的传播效力，一定要了解国外民众的价值偏好和价值取向，只有站在对方的角度，把握好对方的心理，我们的宣传才会更有效果，也更能让国外受众接受。因此，我们要秉着求同存异的理念，既要保持我们的特色和本真，又要注意国情的不同，真正让国外受众明白我们想要表达的理念，这才是我们的最终目的。

我们要把传统的"对外宣传"转变为真正的"国际传播"，就要将国际政治传播与公共外交有机结合，并提升我国国际政治传播的影响力和感召力。其中，最有效的方法就是进行理论创新，不能循规蹈矩地一味用西方的理论来解释我们的观点。同时我们必须明确，提高中国国际关系传播的效力，根本目的是提升中国的软实力，在他国公众中塑造良好的国家形象。因此，如何把我国的国际关系传播与公共外交有机融合在一起，是值得我们思考的一个课题。

（五）把握受众心理，实现有效的跨文化传播

中国的国际政治研究经历了起步、发展的阶段，现在正值研究的黄金时期。一个国家的发展必将是政治、经济、文化、军事、外交等各个方面的全面发展，目前中国正处于发展的机遇期，我们在汲取他国发展经验的同时，也应该创新发展模式，走出一条有中国特色的发展道路，同时又要为世界所接纳。相信中国的发展也将给世界带来不一样的发展经验。

我们要想促进国际关系研究成果的传播，就要了解并读懂受众的心理，并以受众能够接受的方式传播。约瑟夫·克拉珀提出，受众一般只注意那些与自己的欣赏习惯、观点相符合或相一致的内容，对不符合不一致的消息则加以回避或拒绝；同时，受众只记住了那些与自己观点、风格、品位相一致的内容。他将受众的选择性心理归纳为

"选择性理解、选择性接受和选择性记忆"。① 这样的选择性心理意味着国际关系研究成果的对外传播在很大程度上依赖受众，如果注意不到这一点，我们很容易陷入"自说自话"的情况。从这个层面上看，我们应该通过感性的方式和思维进行对外传播，这样更容易被受众接受。

因此，我们要想打动国际受众，就要用他们愿意接受的方式进行传播。目前我国的现状是在进行传播时，较多的是口号式、说教式的抽象话语，缺少创新性。而这些话语在国际社会上会给外国民众留下僵化、内容乏味的印象，甚至会使受众产生厌烦情绪。因此，我国国际关系的传播必须注意采取国际上能够接受的话语符号。另外，我们必须要注意翻译的问题，特别是对于在中国广泛使用但是国际社会比较陌生的一些特殊名词，最好能够用纯正的外语去表达，尽量避免"中国式英语"。例如在"韬光养晦"的翻译上存在的种种错误，给我国的对外政策宣传造成了很大的负面影响。②

近些年来，我国的经济实力和外交实力都在不断增强。2015 年 5 月，习近平总书记在对《人民日报》海外版创刊 30 周年的指示中提出："用海外读者乐于接受的方式、易于理解的语言，讲述好中国故事，传播好中国声音，努力成为增信释疑、凝心聚力的桥梁纽带。"③由此可见，我国的国家政策也在大力支持我国国际关系研究学术成果"走出去"。有了这样的政策支持，我们更应该努力抓住发展机遇，顺应世界发展之势，融入世界。

---

① Joseph Klapper, *The Effects of Mass Communication* (New York: The Free Press, 1967), p. 19.
② 熊光楷：《中文词汇"韬光养晦"翻译的外交战略意义》，《公共外交季刊》2010 年第 2 期。
③ 《用海外乐于接受方式易于理解语言　努力做增信释疑凝心聚力桥梁纽带》，《光明日报》2015 年 5 月 22 日，第 1 版。

（六）增强中华文化国际影响力

进入 21 世纪以来，文化软实力在一个国家的对外交往中起到的作用越来越大，文化年、文化季、文化月、文化周活动不断涌现。特别是 2015～2016 年，不仅文化外交活动得到深入发展，理论认识也进一步升华。由于认识到"文化越来越成为民族凝聚力和创造力的重要源泉、越来越成为综合国力竞争的重要因素"，党的十七大报告中提出要"加强对外文化交流，吸收各国优秀文明成果，增强中华文化国际影响力"。国际关系研究学术成果作为国家文化的一部分，自然对增强我国的国际影响力责无旁贷。

2011 年 10 月召开的中国共产党第十七届中央委员会第六次全体会议上通过了《中共中央关于深化文化体制改革、推动社会主义文化大发展大繁荣若干重大问题的决定》，对于"推动中华文化走向世界"的"走出去"战略与"积极吸收借鉴国外优秀文化成果"的"引进来"工作都做了系统和深入的阐述，更是将实施中国文化"走出去"战略和提升中华文化国际影响力作为增强中国国际话语权与国家文化软实力以及"妥善回应外部关切，增进国际社会对我国基本国情、价值观念、发展道路、内外政策的了解和认识，展现我国文明、民主、开放、进步的形象"的基本手段。近年来中国的文化外交和对外文化交流，主要是围绕这两个方面进行的，中国文化"走出去"则是文化外交的一个重点内容。①

因此，我们要努力争取国际话语权，提高中国文化软实力。近代以来，西方国家先行发展，在国际社会中构建了西方的价值体系，掌握了主动权，这就使后来崛起的一些国家文化处于被动地位。所以我国学者

---

① 张志洲：《文化外交与中国文化"走出去"的动因、问题与对策》，《当代世界与社会主义》2012 年第 3 期。

在进行国际关系对外传播的过程中，一定会面对很多的困难，这些困难不是短期可以克服的，需要我们坚持努力，去扭转这样的被动局面。这不仅需要我国提供强大的硬实力支撑，也需要关注软实力的重要性，为我们的学者提供更加开放的国内研究环境。

我们要想发展文化软实力就一定要注重话语权建设，因为掌握了话语权，就能更好地解释和宣传国家的方针政策、治国理念，使外国民众能够正确地理解我们的政策，并且逐渐认可我们的理念。最理想的状态就是国外民众能够接纳并学习我国政策当中的一些精华，做到求同存异，只有西方国家的民众用中国的理念来看待中国，我们才算真正拥有了强大的文化软实力。由此可见一个国家国际话语权的重要性。

文化外交本有"引进来"和"走出去"两个方面，我们以往更多的是吸收其他国家和民族的优秀文明成果，随着我国国际影响力的增强，在国际社会中发挥的作用也越来越大，世界也越来越需要文化的"中国创造"。国际关系领域是国家面向世界的窗口，国际关系研究学者有责任、有义务发出中国的声音，为世界揭开东方大国的神秘面纱，让世界了解并认可中国的文化。

由于社会制度、意识形态、文明的不同，国内外的话语体系必然存在很大的差异，我们不能满足于直接翻译和照搬照抄，要因地制宜地进行创造性的转化。在新的世界形势下，我们要努力形成中国特有的表达方式，一方面要使我们的新表述符合中国国情，另一方面要使它适应国外的话语体系，让国际受众易于接受。从一定意义上讲，塑造国家形象、提高文化软实力，取决于我们能否讲好中国故事，取决于我们选择什么样的载体、用什么样的方式。这就启发我国国际关系学界的学者，多利用经济、文化等其他话题，用与我们息息相关的故事去弘扬我们的文化，使国外受众放下心中的芥蒂和防备，乐于接受中国的文化传播。

五　结语

从国际大环境来看，中国现在所处的时代是非常有利于中国国际关系研究学术成果"走出去"的。和平发展、合作共赢是当今世界的时代主题，各国都希望可以相互尊重、互利共赢，这就为中国国际关系研究学术成果"走出去"营造出良好的国际大环境。

中国国际关系研究学术成果"走出去"首先应当充分理解世界发展变化的文化背景，在注重主流传播的同时，还要关注发展中国家的文化发展诉求，构建具有实际意义的话语体系。

中国国际关系研究学术成果"走出去"还要强调中国价值取向的积极意义。中国主张的多元文化、和谐世界、世界民主、合作共赢，不仅是中国的主流价值取向，同时也是许多国家，特别是发展中国家的价值取向。中国对外宣示和解读这些主流价值取向，不仅能够体现全球发展趋势，获得世界上广泛的认可和赞同，而且通过对话交流可以逐步打破西方价值观制定的游戏规则，建立"新的公平公正的国际话语体系"。①

中国国际关系研究学术成果"走出去"要强调中国责任，强调中国学者有责任向世界介绍和解读近年来中国社会的深刻变化，推动中国哲学社会科学走向世界，使中国国际关系研究学术成果真正地"走出去"。

总之，中国学者应该为中国学术成果在全球范围的持续传播做出自己应有的贡献。

---

① 力迈：《学者探讨：中国学术"走出去"之路径》，《中国青年报》2014年9月9日，第2版。

第六章　2015～2016年度语言学
国际化进展述评[*]
——语言政策研究领域的案例分析

一　引言

　　语言学是最接近自然科学的社会科学，语言文化是中国文化的重要组成部分。2015～2016年，中国的语言学研究在深度和广度上，都取得了重要进展。我们仅以语言学中的语言政策与规划（Language Policy and Planning，LPP）研究为个案，分析中国学者在推进语言学国际化道路上的主要进展、问题、对策建议和趋势。

　　LPP的含义有狭义和广义之分。从广义上说，语言政策无处不在，只要人们使用语言进行交流，就会使用语言政策。语言政策是关于语言如何被管理，或准确地说，语言如何被用来管理人们、权力和资源的（Garcia & Kelly-Holmes，2016）。LPP无处不在，如人们日常交流和工作场景中的语言使用，广告和政府使用的平易语言（plain language），学校中的语言多样性和多语教育，学校、城市、州、国家层面的唯英语政策，英语作为全球语言（global language），濒危或移民语言群体使用、教授、保持和复活语言的权利（Hornberger，

---

　　* 张天伟，北京外国语大学中国外语与教育研究中心副教授。

2015）。

LPP 作为一门独立的学科，起源于 20 世纪 60 年代。赵守辉（2015）认为，当前国际 LPP 研究的特点是：以理论为指导的规划实践，从规划实践到政策批判的范式转变，层次微观化及效果的双向性，视野广角化。LPP 研究的热点有：语言国别研究、语言教育规划、语言景观研究、对语言规划者的研究、声望规划研究、语言意识形态等。近年来，国外语言政策与规划研究的热潮逐渐影响到国内学界，语言政策研究的文献日益丰富，研究领域逐渐拓宽，研究质量不断提高。特别是《语言政策与规划研究》《语言战略研究》《中国语言战略》《语言规划学研究》《语言政策与语言教育》等学术期刊的创办，中国语言学会语言政策与规划研究会的成立，北京外国语大学、上海外国语大学、北京语言大学等学校语言政策及规划学二级学科博士点的建立，都标志着 LPP 研究在我国逐渐成为一个独立的学科。国内 LPP 研究的主要方向包括：对国内外语言政策和语言规划的宏观探讨，对国外语言政策的历时研究，对国外语言政策的共时研究，将理论探讨与语言政策实践相结合的研究，对语言教育政策的研究等（张天伟，2016）。在语言学研究国际化趋势和中国文化"走出去"的背景下，国内学者也在推动语言政策研究国际化的道路上取得了重要进展。

二　2015～2016年中国学者国际发文述评

我们在国际语言政策研究的一些重要期刊上做了检索，这些期刊包括：*Language Policy*，*Current Issues of Language Policy and Language Planning*，*Language Problems and Language Planning*，*Journal of Multilingual and Multicultural Development*，*European Journal of*

Language Policy，*Journal of Sociolinguistics*，*Language in Society* 等。具体检索情况如表 6－1 所示。

通过表 6－1 可以发现，中国学者在国际语言政策类期刊上的发文，从无到有，逐渐发出中国学者的学术声音。下面对一些代表性研究进行述评。

表 6－1　2015~2016 年中国学者在国际语言政策类期刊发文情况统计

期刊名称	数量	文章性质	期刊是否为 SSCI
Language Policy	1	书评	SSCI
Current Issues of Language Policy and Language Planning	2	研究性论文	
Language Problems and Language Planning	4	书评（2）、研究性论文（2）	SSCI
Journal of Multilingual and Multicultural Development	7	书评（2）、研究性论文（5）	SSCI
European Journal of Language Policy			
Journal of Sociolinguistics			SSCI
Language in Society	3	书评	SSCI

资料来源：笔者对各个期刊官网的统计。

王辉在 *Language Policy* 上对《中国语言生活状况》进行了述评，进一步推介了该书。下节将详细介绍该书。浙江大学尚国文和卑尔根大学赵守辉等从语言学院（language academies）的角度探讨了中国语言规划的机构。东南大学外国语学院韩亚文采用人种志研究方法调查江苏某高校少数民族学生对英语学习的看法以及英语课程政策对少数民族学生的影响。通过分析该高校英语课程政策、观察课堂及深度访谈，研究发现：内地高校普遍对少数民族学生采用大班混班授课的方式，并实行降低考核标准等优惠政策；少数民族学生在英语学习中普遍处于弱势地位，具体表现为基础薄弱、资源匮乏、缺乏与汉族师生的交流、在课堂上被边缘化，并产生一系列消极情绪，英语水平普遍较低；大学英语成绩影响了少数民族学生的学业和就业情况，在一定程度上削弱了其竞争力；有部分少数民族学生认为优惠政策是对少数民族学生的"正面歧视"，影响了教育的公平性。内地高校针对少数民族学生的英语教学政策应充分考虑少数民族学生的语言基础、教育背景及生活经历。

浙江大学刘海涛教授等分析了汉字简化运动的动机。认为中国大陆汉字简化运动源于19世纪末20世纪初的汉字论争。汉字简化运动一度是中国语言规划和语言政策的重心。文章首先通过 Cooper 的"八问"方案，分三阶段描写汉字简化运动。在这三个阶段中，仅第二阶段获得了成功，另外两个阶段均以失败告终。该文认为，考察动机有助于探寻这几次简化运动成败的因由。现有的动机分析大多认为汉字简化有利于发展中国的教育事业，但是，三个阶段的动机不能一概论之。该文采用 Ager 提出的"7i"模型分别考察了这三个阶段的动机。最终认为，动机因阶段而异，同时影响了各阶段简化字运动的成败。新时期，中国语言规划与语言政策的方向有所调整，汉字简化已不再是重点，工作重心开始向汉字标准化过渡。

华北理工大学姚春林等从马克唐镇和华藏寺的藏汉双语教育看语言活力与语言认同的关系。该文通过对比中国甘肃省天祝藏族自治县和青海省尖扎县藏语文活力和藏语文认同发现，语言活力和语言认同不存在强相关性，语言的实用性是决定语言使用者行为倾向的重要因素。这些发现可以通过语言功能的内部矛盾性来解释：工具性和文化性是语言的两大功能，语言的工具性功能要求语言趋同，而文化性功能则需要语言保持多样性。目前双语教育被公认为保护语言文化多样性的重要手段，但是双语教育并不能同时增强语言的活力和语言的认同感。因此，语言保护应重点培养语言使用者的语言认同。

Journal of Multilingual and Multicultural Development 是中国国际发文最多的期刊，共发表研究性论文 5 篇，书评 2 篇。例如华南理工大学安然等分析了中国国际留学生的文化学习和文化适应性（adaptation），具体从文化移情（cultural empathy）、情感稳定性（emotional stability）、社会灵活性（social flexibility）和语言能力等方面进行了分析。南京农业大学裴正薇分析了中国大学英语课堂话语的模式问题，是一种方法论模式，也是自然模式。华侨大学闫喜探讨了澳门的汉字使用问题。

　　除了上述在国际期刊上发表的成果外，我国语言政策研究国际化的标志性成果之一是《中国语言生活状况》一书的出版，该书由中国教育部语言文字信息管理司策划，商务印书馆和德国德古意特出版社合作，于 2013 年 3 月正式在柏林和纽约出版，在全球范围销售。该书的主编之一是国内著名语言学家李宇明教授，该书是中国语言学"走出去"的标志性成果之一，是"中国学术、国际表达"的代表之一。《中国语言生活状况》是《中国语言生活状况报告》（简称《报告》）的英文版。教育部官网曾专门介绍《报告》是教育部"中国语言生活绿皮书"的主打产品，每年由国家语言文字工作委员会发布，旨在贯彻落实《中华人民共和国国家通用语言文字法》，引导社会语言生活和谐发展，为构建和谐社会做贡献。《报告》提出的"语言生活""语言资源""语言服务""语言产业"等新理念，得到了国内学界的认可，在海外也引起了相当的关注，该书获得了国务院新闻办"中国图书对外推广计划"的资助，向世界传递中国语言学、中国学术、中国政府的正能量声音，为中国文化"走出去"积累了宝贵的经验。它的出版在中国语言学界和商务印书馆的出版史上都具有里程碑意义，在国际文化交流中也具有重要意义。①

---

① http://www.moe.gov.cn/s78/A19/yxs_left/moe_813/s236/201304/t20130408_150247.html.

此外，近年来在一些与语言政策相关的国际会议上，越来越多的中国学者参与，并发出中国学者的声音。如美国应用语言学会的年度会议（AAAL）每届都有 LPP 专题论坛，吸引国内的相关学者参加。例如，2017 年年会上张天伟探讨了现阶段中国的语言政策，具体从语言立法、媒体传播和双语教育等方面进行了探讨。徐浩分析了中国少数民族地区多语环境下外语教师的认同构建问题。又如 2018 年韩亚文在 AAAL 年会上探讨了语言政策和语言学习的关系，从宏观（国家）、介观（学校及家庭）和微观（个人）层面展现了一名维吾尔族学生在 16 年的时间里跨越几个地区的求学轨迹，凸显了学校及家庭层面在其语言发展过程中产生的重要作用，并推动了语言政策和语言学习理论的界面交叉研究。

通过对上述研究的介绍和梳理，在张天伟（2016）述评的基础上，我们发现这些研究除了研究数量增加和研究质量提升外，还有以下特点：第一，呈交叉学科的发展态势，如从政治学和社会学视角入手进行相关研究；第二，理论性越来越强，表现为语言管理理论、哲学基础、民族主义、工具主义、种族认同理论、殖民主义、霸权主义、全球化、现代化、反思社会学、语言权利理论、冲突论等不同理论视角下的应用研究；第三，逐渐由宏观研究转向微观研究，销售服务领域、制造业领域、行政管理领域、学校、家庭、社区等都是微观语言规划的关注点；第四，研究方法多以实证研究为主，并以一定的语言调查和个案研究为基础；第五，研究性论文都是结合中国语境探讨中国问题；第六，研究方法进一步与世界接轨，研究问题与世界主流接轨。

三 现存问题

我国的 LPP 研究尽管取得了一定成绩，但也存在一些问题，主要反映在以下几个方面：第一，研究性成果还是偏少，综述类文章和书评居多；第二，宏观探讨比较多，微观的案例分析类研究较少；第三，缺乏理论创新；第四，研究方法与国际主流还需要进一步接轨。赵守辉（2015）认为，这门学科与国际互动的力度远低于语言学的其他学科，至今对相关理论和方法的介绍仍然罕见，专业期刊基本没有，基本概念、理论和框架缺乏，导致低水平的重复，停留在历史过程的叙述和经验的总结。除了语言政策领域外，其他语言学研究领域也存在类似问题，如束定芳（2018）对我国理论语言学研究与海外论文发表问题进行了探讨，选择了包括 *Language* 在内的 20 份语言学刊物作为研究对象，统计结果表明，2011～2016 年，中国学者在海外主要英文语言学刊物上共发表文章 254 篇，其中国内学者发表 147 篇，在海外工作或学习的中国学者发表 107 篇。研究发现以下特点：在海外刊物发表论文的中青年学者居多，他们多数有海外学习背景，相当一部分论文是他们与在海外学习时的导师合作完成；很多论文是借用国外学者的研究方法或研究框架；多数论文是应用汉语语料，验证海外学者相关理论；发表的文章中书评占了近五分之一，例如，国内学者在 *Journal of Linguistics* 上发表的 10 篇文章全是书评，在 *Language* 上发表的两篇文章一篇是书评，一篇是篇幅较短的"随笔"（Note）。由此可见，LPP 研究中的现存问题，也是语言学各个分支领域中普遍存在的。

四 对策与建议

我们认为语言学研究要与世界接轨，在了解前沿研究动态的基础上，一要注重理论上的创新，二要注重研究问题和对象的创新，三要注重方法上的创新。语言学理论创新不是一个一蹴而就的过程，需要长期的积累，因此研究问题、对象和研究方法创新是我国语言学研究与世界尽快接轨的途径之一。

1. 研究对象

在国际理论前沿的视野下，关注我国的汉语方言、少数民族语言，特别是濒危语言，应用社会语言学的研究方法进行跨语言、跨方言调查，应用语言类型学的方法进行比较分析，应用语料库语言学的方法进行统计，同时注重微观个案研究，解决中国语境中的现存问题，这些将是今后的发展方向。例如，我国清朝语言政策的历时研究值得深入探究，国内已有相关研究（杨亚庚，2005），其特点是统治者的语言被被统治者的语言所同化。现在国内锡伯族仍然使用满语的变体，在一定言语社区中对其进行共时研究也很有意义。又如国外LPP研究兼顾宏观与微观研究，自上而下和自下而上的语言政策研究并举，微观研究是一个重要的研究领域，如家庭语言政策，学校、公司的语言政策（Berthoud & Lüdi，2011：479～495）等。国内的LPP微观研究亟待深入（张天伟，2016）。

2015年教育部、国家语委启动中国语言资源保护工程建设，2018年的调查计划中涉及汉藏语系的藏缅、侗台、苗瑶语族，阿尔泰语系的突厥、蒙古、满通古斯语族，南亚语系的孟高棉语族，南岛语系的台湾语群、回辉话，印欧语系的俄罗斯、塔吉克语族，此外还有朝鲜语、混合语等共计141个语种。[①] 关注中国语境下的语料及其相关语言现象，将为今后深入研究语言政策相关微观和宏观问题打下基础。

2. 研究方法

Coulmas（1998）在评述《社会语言学通览》时曾提到多种理论而非一种理论（theories but no theory）的观点，即社会语言虽然

---

① 参见教语信厅函〔2018〕2号文件《教育部办公厅、国家民委办公厅关于部署中国语言资源保护工程2018年度少数民族语言调查的通知》。

有很多理论，但囊括一切的社会语言学理论并不存在。LPP 是一门交叉学科，需要运用多重方法去探究语言地位、语言认同和语言使用等方面存在的问题，同时方法和理论不可分离（Ricento，2006）。我们认为 LPP 的研究方法是多种方法而非一种方法（methods but no method）。LPP 研究将理论探讨与实证研究相结合，LPP 研究也需要与时俱进。正如 Ricento 在《语言政策与规划的研究方法：实用指南》（以下简称《指南》）序言中所言，过去研究通常局限在社会语言学和民族志的研究领域，现在需要拓展到政治、经济、社会等不同学科。《指南》便是在这种背景下的一个集成。LPP 研究最早源自社会语言学，包括社会语言学的数据收集方法，如问卷调查、人口普查数据、语言学语料、访谈、政策文件、参与者观察和参与者行动（participatory action）等。随着 LPP 研究内涵和外延的不断扩大，LPP 研究的领域涉及人类学、法学、语言学、政治科学、社会心理学和社会学等，和语言政策的形成、解释、实施（implementation）、抵制（resistance）和评价等各个过程都息息相关（Hult & Johnson，2015）。

Ricento（2015）认为方法与理论不可分割，任何方法都伴随着一定的理论思考。笔者认为 LPP 研究方法的理论思考要从以下四点考虑。一是 LPP 发展的不同阶段，会侧重不同的研究方法；二是根据不同研究目标，选择不同的研究方法；三是研究者的定位问题；四是研究路径与研究方法的结合问题。Ricento（2000）将二战以来的 LPP 研究分为三个阶段，不同的研究阶段侧重不同的研究路径和方法。Hult 和 Johnson（2015）综述了 LPP 的研究方法。20 世纪 60～80 年代，早期的 LPP 学者多关注语言政策研究的策略和理论框架；80～90 年代，在批判性思潮的影响下，一些学者将 LPP 视为一种浸入主导和边缘语篇的霸权机制（hegemonic mechanism）（Ruiz，1984；Tollefson，1991），这种背景下的代表性研究方法是 Tollefson 的历史－结构（historical-structural）研究方法和 Hornberger 的民族志研究方法。张天伟（2016）对此进行过述评，这里不再赘述。我们主要基于上述后三点理论思考展开讨论。

Ricento（2015）认为 LPP 最好的研究思路是两个 Wh，一个 How，即为什么我们提出这个问题，基于什么兴趣我们开始研究，个体或社会能通过我们的研究得到哪些启示。Hornberger（2015）受 Fishman 等（1971）观点的启发，认为 LPP 研究方法要考虑四个 Wh 和一个 How，即在 LPP 中谁（Who）研究谁（Whom）？LPP 研究者研究什么（What）？LPP 研究者在哪里（Where）进行研究？LPP 研究者如何（How）收集、分析和解释语料？为什么（Why）进行 LPP 研究？这些问题表明了 LPP 研究的关切点，即研究主体、研究对象、研究目标、研究内容和研究手段等，不同的观测点会侧重不同的研究方法。研究者的定位问题也是 LPP 研究方法需要考虑的问题。Lin（2015）基于 Habermas（1987）的观点，认为基于不同的人类兴趣（human interest），知识可以分为三类，不同的类别有不同的研究范式。LPP 研究要根据不同的内容，选择不同的范式和研究方法。

目前国外 LPP 的研究路径主要有五种（张天伟，2016），不同的研究路径会侧重不同的研究方法。早期语言规划的研究路径和历史——语篇研究路径主要是基于文献研究的方法，提出 LPP 研究的框架，梳理各国语言政策的特点、得失。政治理论研究路径是将 LPP 研究放在社会历史或社会政治语境下去探讨，政治理论能为 LPP 研究中的国家角色（role of the state）、公民身份概念（notions of citizenship）、语言意识形态和语言权利等提供理论基础。该研究路径主要研究的问题包括：国语和少数民族语言的关系；国家公民身份概念讨论中语言与政策间的关系，在单语或多语语境下公民身份和语言是如何被构建的，两者间的相互级别是什么，如少数民族语言权利问题等；语言与全球化、世界认同（cosmopolitan identity）和社会移动性（social mobility）间的关系，如英语作为世界语言的全球传播问题等（May，2015）。Ricento（2015）等还专门编写《语言政策与政治理论》论文集，为研究语言与权力、民族等的复杂关系提供了启示。

综上所述，采用国际学界主流的研究方法，结合中国语境，探讨实际问题，即"国际视野、主流方法、中国问题"的研究模式，将是今后的研究趋势和必由之路。

3. 研究问题

语言政策研究作为广义上应用语言学的一个研究领域，兼顾社会语言学和语言社会学的研究，其研究是以问题导向为驱动的。在当前学术国际化和全球化的背景下，如何凸显问题意识和中国语境下语言政策研究的特色，是学界同仁要不断探索的永恒话题。比如我国的家庭语言政策中普通话、方言、外语的选择和认同构建问题，多语语境中的语言景观（linguistic landscape）问题，工作领域的语言选择和使用问题，公示语的使用及规范问题，国家语言能力的内涵辨析问题等，都需要我们不断探讨，在学术研究的同时，适当进行对策性研究，彰显语言政策研究的特色。

五　结语

中国文化"走出去"的一个重要特点是"中国学术、国际表达"，本章以语言学学科中的语言政策研究为案例，进行了分析。2015~2016年，国内的语言政策研究在国际论文发表、英文专著、国际会议上都取得了一定的进展，向世界传递了中国学者的声音，凸显了语言政策研究学者在国际学界的话语权，为中国文化进一步走向世界积累了宝贵经验。面对现有研究中存在的问题，我们认为中国文化"走出去"的前提是在国际视野的前提下，研究方法的主流化、研究问题的中国化，并在此基础上逐步进行理论创新。

参考文献

An, R. , and Chiang, S. Y. 2015. "International Students' Culture Learning and Cultural Adaptation in China. " *Journal of Multilingual and Multicultural Development* 36 （7）：661 – 676.

Berthoud, A. C. , and G. Lüdi. 2011. "Language Policy and Planning. " In Kerswill, P. Johnstone, B. , and R. Wodak. （eds.）. *The SAGE Handbook of Sociolinguistics*. London：SAGE Publications Ltd.

Coulmas, F. 1998. *The Handbook of Sociolinguistics*. Oxford：Blackwell Publisher.

Fishman, J. A. , Das Gupta, J. , Jernudd, B. H. , and Rubin, J. 1971. "Research Outline for Comparative Studies of Language Planning. " *Can Language Be Planned? Sociolinguistic Theory and Practice for Developing Nations*, In. J. Rubin and B. H. Jernudd（eds.）, pp. 293 – 305. Honolulu：The University Press of Hawaii.

Garcia, O. , and Kelly-Holmes, H. 2016. "Editorial. " *Language Policy* 15：1 – 2.

Habermas, J. 1987. *Knowledge and Human Interests*. Cambridge：Polity Press.

Hornberger, N. H. 2015. "Selecting Appropriate Research Methods in LPP Research：Methodological Rich Points. " In F. M. Hult & D. C. Johnson. *Research Methods in Language Policy and Planning：A Practical Guide*. Malden：Wiley-Blackwell.

Hult, F. M. , and D. C. Johnson. 2015. *Research Methods in Language Policy and Planning：A Practical Guide*. Malden, MA：Wiley-Blackwell.

Lin, A. M. Y. 2015. "Researcher Positionality. " In F. M. Hult & D. C. Johnson. *Research Methods in Language Policy and Planning：A Practical Guide*. Malden：Wiley-Blackwell.

May, S. 2015. "Language Policy and Political Theory. " In F. M. Hult & D. C. Johnson. *Research Methods in Language Policy and Planning：A Practical Guide*. Malden：Wiley-Blackwell.

Pan, X. , Jin, H. , and Liu, H. 2015. "Motives for Chinese Script Simplification. " *Language Problems and Language Planning* 39（1）：1 – 32.

Ricento, T. 2000. "Historical and Theoretical Perspectives in Language Policy and Planning. " *Journal of Sociolinguistics* 4（2）：196 – 213.

Ricento, T. (ed.). 2006. *An Introduction to Language Policy: Theory and Method*. Malden, MA: Blackwell Publishing.

Ricento, T., Peled, Y., Ives, P., and T. Ricento (eds.). 2015. *Language Policy and Political Theory: Building Bridges, Assessing Breaches*. Berlin/New York: Springer.

Ruiz, R. 1984. "Orientations in Language Planning." *NABE Journal* 8 (2): 15 – 34.

Tollefson, J. W. 1991. *Planning Language, Planning Inequality: Language Policy in the Community*. London: Longman.

Wang, H. 2016. "Book Review of *The Language Situation in China*." *Language Policy* 15 (1): 97 – 99.

Yao, C. 2016. "Language Vitality and Language Identity——Which One Is More Important?" *Language Problems and Language Planning* 40 (2): 163 – 186.

Yawen Han, Peter I., De Costa & Yaqiong Cui. 2016. "Examining the English Language Policy for Ethnic Minority Students in a Chinese University: A Language Ideology and Language Regime Perspective." *Current Issues in Language Planning* 17 (3 – 4): 311 – 331.

束定芳：《我国理论语言学研究与海外论文发表》，《外语与外语教学》2018年第3期。

杨亚庚：《〈清实录〉所见清前期语言文字政策》，硕士学位论文，吉林大学，2000。

张天伟：《语言政策与规划研究：路径与方法》，《外语电化教学》2016年第2期。

赵守辉：《语言政策研究与西方现代社会思潮兼论语言规划研究的中国特色：以语言规范为例》，北京外国语大学语言规划与政策研讨会会议论文，北京，2015。

附录：2015～2016年中国学者语言政策论文国际发表情况

1. Language Policy

Wang, H. 2016. The Language Situation in China, *Language Policy*, 15 (1), 97 – 99. (book review)

2. Current Issues in Language Planning

Shouhui Zhao & Guowen Shang. 2016. Language Planning Agency in China: from the Perspective of the Language Academies. *Current Issues in Language Planning*, 17 (1): 1 – 14.

Yawen Han, Peter I. De Costa & Yaqiong Cui. 2016. Examining the English Language Policy for Ethnic Minority Students in a Chinese

University: A Language Ideology and Language Regime Perspective. *Current Issues in Language Planning*, 17 (3 – 4): 311 – 331.

3. *Language Problems and Language Planning*

2015

Jiang, Y. 2015. Language Policies in Education: Critical Issues. *Language Problems and Language Planning*, 39 (2), 205 – 208. (book review)

Fang, F. 2015. Language Policy. *Language Problems and Language Planning*, 39 (2), 209 – 211. (book review)

Pan, X., Jin, H., & Liu, H. 2015. Motives for Chinese Script Simplification. *Language Problems and Language Planning*, 39 (1), 1 – 32.

2016

Yao, C. 2016. Language Vitality and Language Identity——Which One Is More Important? *Language Problems and Language Planning*, 40 (2), 163 – 186.

4. *Journal of Multilingual and Multicultural Development*

2015

An, R., & Chiang, S. Y. 2015. International Students' Culture Learning and Cultural Adaptation in China. *Journal of Multilingual and Multicultural Development*, 36 (7), 661 – 676.

Mu, G. M. 2015. A Meta-analysis of the Correlation between Heritage Language and Ethnic Identity. *Journal of Multilingual and Multicultural Development*, 36 (3), 239 – 254.

Pei, Z. 2015. Classroom Discourse in College English Teaching of China: A Pedagogic or Natural Mode? *Journal of Multilingual and Multicultural Development*, 36 (7), 694 – 710.

2016

Fang, F. 2016. Culture and Identity through English as a Lingua

Franca：Rethinking Concepts and Goals in Intercultural Communication. *Journal of Multilingual and Multicultural Development*, 37（6）, 649 – 650.（book review）

Ou, C. 2016. Metaphor and Intercultural Communication. *Journal of Multilingual and Multicultural Development*, 37（2）, 223 – 224.（book review）

Yan, E. M. , Fung, I. Y. , Liu, L. , & Huang, X. 2016. Perceived – target – language – use Survey in the English Classrooms in China：Investigation of Classroom-related and Institutional Factors. *Journal of Multilingual and Multicultural Development*, 37（1）, 75 – 96.

Yan, X. 2016. "Macao Has Died, Traditional Chinese Characters Have Died"：A Study of Netizens' Comments on the Choice of Chinese Scripts in Macao. *Journal of Multilingual and Multicultural Development*, 37（6）, 564 – 575.

5. *Language in Society*

Liu, S. , & Yu, G. 2016. Requesting in Social Interaction. *Language in Society*, 45（5）, 774 – 777.（book review）

Ou, C. 2016. Language Learning, Power, Race and Identity. *Language in Society*, 45（5）, 788 – 789.（book review）

Wu, Z. 2016. Globalizing Language Policy and Planning. *Language in Society*, 45（5）, 789 – 790.（book review）

第七章　中国学者参加哲学社会科学国际学术会议情况[*]

　　习近平总书记在 2016 年召开的哲学社会科学工作座谈会上指出，哲学社会科学是人们认识世界、改造世界的重要工具，是推动历史发展和社会进步的重要力量，其发展水平反映了一个民族的思维能力、精神品格、文明素质，体现了一个国家的综合国力和国际竞争力，一个没有繁荣的哲学社会科学的国家也不可能走在世界前列。坚持和发展中国特色社会主义，需要不断在实践和理论上进行探索，用发展着的理论指导发展着的实践，在这个过程中，哲学社会科学具有不可替代的重要地位。国际学术会议是哲学社会科学在国际范围内交流和推广的重要平台，较好地推动了哲学社会科学的发展，同时也能彰显我国哲学社会科学发展的水平，推进我国哲学社会科学的对外传播，并进而扩大中国哲学社会科学和中国文化在国际上的影响力。可以说，哲学社会科学国际学术会议对哲学社会科学的发展和中国文化的对外传播具有重要的作用和意义，因此本部分将对中国学者参加哲学社会科学国际学术会议的情况展开深入的分析与阐述。本章的数据来源于中国学术会议在线、中国社会科学院网站、中国社会科学院各学部网站和北京大学、中国人民大学、北京师范大学、复旦大学、清华大学、南京大学、武汉大学、上海交通大学、

---

　　* 郭小香，副教授，博士，北京外国语大学马克思主义学院教师；候敏，北京外国语大学马克思主义学院硕士研究生。

天津大学、北京外国语大学、上海外国语大学、天津外国语大学、广东外国语大学、厦门大学、四川大学、中山大学、同济大学、北京语言大学、南开大学、外交学院等高校网站。

一 2015～2016年度中国学者参加哲学社会科学国际学术会议概况

1. 年度分布

在 2015～2016 年度（2015 年 1 月 1 日～2016 年 12 月 31 日），有中国学者参加的人文社科方向的国际学术会议据不完全统计共有 416 次。其中 2016 年 227 次，2015 年 189 次。这 416 次学术会议涵盖 18 个学科门类，组织单位覆盖 82 个国内外学校和单位，举办地点覆盖亚洲、欧洲、美洲、非洲。具体情况如图 7-1 所示。

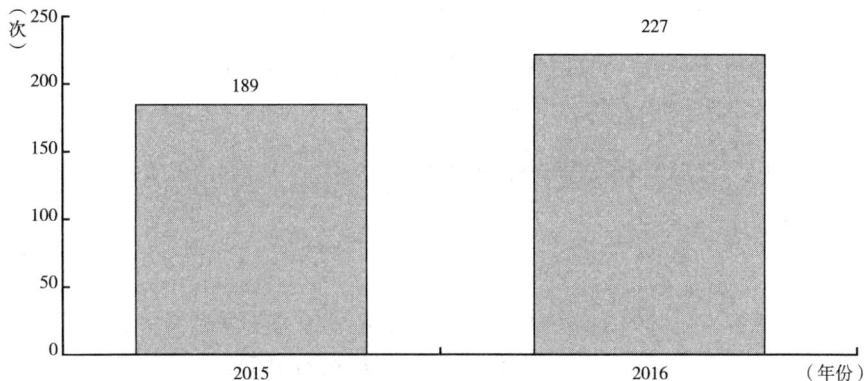

图 7-1 2015～2016 年度国际学术会议年度分布情况

资料来源：中国学术会议在线、中国社会科学院网站、中国社会科学院各学部网站和北京大学、中国人民大学、北京师范大学、复旦大学、清华大学、南京大学、武汉大学、上海交通大学、天津大学、北京外国语大学、上海外国语大学、天津外国语大学、广东外国语大学、厦门大学、四川大学、中山大学、同济大学、北京语言大学、南开大学、外交学院等高校网站。

2.学科分布

2015～2016 年度有中国学者参加的哲学社会科学方向的 416 次国际学术会议，主要涉及政治学、经济学、教育学、语言学、文学、管理学、民族学与文化学、社会学、历史学、哲学等 18 个学科，各学科具体情况如下：政治学共 127 次，2016 年 76 次，2015 年 51 次；经济学共 107 次，2016 年 50 次，2015 年 57 次；语言学共 79 次，2016 年 48 次，2015 年 31 次；教育学共 65 次，2016 年 33 次，2015 年 32 次；文学共 44 次，2016 年 21 次，2015 年 23 次；民族学与文化学共 37 次，2016 年 22 次，2015 年 15 次；管理学共 24 次，2016 北美洲、3 次，2015 年 11 次；社会学共 18 次，2016 年 10 次，2015 年 8 次；历史学共 18 次，2016 年 13 次，2015 年 5 次；哲学共 14 次，2016 年 10 次，2015 年 4 次；法学共 11 次，2016 年 7 次，2015 年 4 次；新闻学与传播学共 8 次，2016 年 3 次，2015 年 5 次；马克思主义理论共 3 次，2016 年 2 次，2015 年 1 次；艺术学共 5 次，2016 年 4 次，2015 年 1 次；心理学共 2 次，2016 年 1 次，2015 年 1 次；宗教学共 3 次，2016 年 0 次，2015 年 3 次；图书馆、情报学与文献学共 4 次，2016 年 3 次，2015 年 1 次；考古学共 1 次，2016 年 1 次，2015 年 0 次。从学科上来看，政治学类国际学术会议举办次数最多，共有 127 次，其次是经济学、语言学、教育学和文学，分别举办了 107 次、79 次、65 次和 44 次。具体情况如表 7 - 1 所示。

表 7 - 1 2015～2016 年度中国学者参加的哲学社科方向国际学术会议学科分布情况

单位：次

学科 \ 年份	2015	2016	合计
政治学	51	76	127
经济学	57	50	107
语言学	31	48	79

续表

学科 ＼ 年份	2015	2016	合计
教育学	32	33	65
文学	23	21	44
民族学与文化学	15	22	37
管理学	11	13	24
社会学	8	10	18
历史学	5	13	18
哲学	4	10	14
法学	4	7	11
新闻学与传播学	5	3	8
艺术学	1	4	5
图书馆、情报学与文献学	1	3	4
马克思主义理论	1	2	3
宗教学	3	0	3
心理学	1	1	2
考古学	0	1	1

注：有的会议涉及多个学科。

资料来源：中国学术会议在线、中国社会科学院网站、中国社会科学院各学部网站和北京大学、中国人民大学、北京师范大学、复旦大学、清华大学、南京大学、武汉大学、上海交通大学、天津大学、北京外国语大学、上海外国语大学、天津外国语大学、广东外国语大学、厦门大学、四川大学、中山大学、同济大学、北京语言大学、南开大学、外交学院等高校网站。

3. 参会人数分布

在 2015～2016 年度中国学者参加的哲学社会科学方向的国际学术会议中，参会人数 50 人以内共 96 次，2016 年 52 次，2015 年 44 次；参会人数 50～100 人共 91 次，2016 年 52 次，2015 年 39 次；参会人数 100～500 人共 116 次，2016 年 61 次，2015 年 55 次；参会人数 500 人以上共 14 次，2016 年 8 次，2015 年 6 次；参会人数信息不详共 99 次，2016 年 54 次，2015 年 45 次。从参会人数来看，100～500 人的哲学社会科学方向的国际学术会议多达 116 次，占比最大。而 2011～2014 年度中国学者参加的参会人数为 100～500 人的国际学术会议总共才 31

次，这反映了中国学者参加的哲学社会科学方向国际学术会议的规模和规格的巨大飞跃和发展。具体情况如表7-2及图7-2所示。

表7-2 2015～2016年度中国学者参加的哲学社科方向
国际学术会议参会人数分布情况

单位：次

年份 \ 人数	1~50人	50~100人	100~500人	500人以上	信息不详
2015	44	39	55	6	45
2016	52	52	61	8	54
合计	96	91	116	14	99
占比（%）	23	22	28	3	24

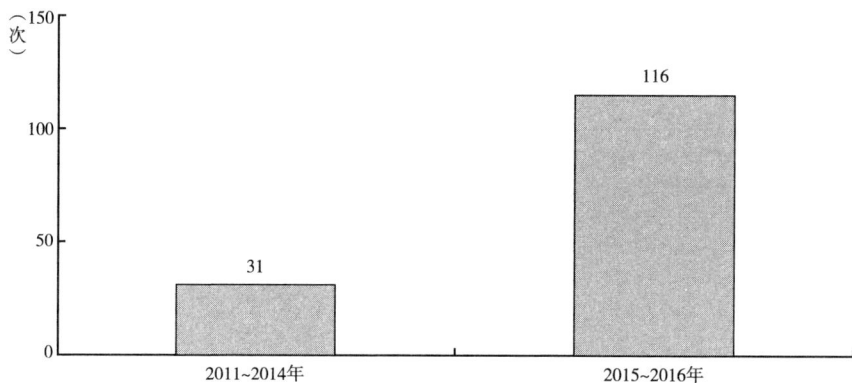

图7-2 2015～2016年度与2011～2014年度中国学者参加的
100～500人哲学社科方向国际学术会议次数比较

4. 会议组织机构分布

在2015～2016年度中国学者参加的哲学社科方向的国际学术会议中，绝大多数会议由高校组织，主要分为国内高校独立组织、国内高校与国内单位（包括高校）联合组织、国内高校与国外单位（包括高校）联合组织、国外高校独立组织、政府或非政府组织独立组织五大类型。2015～2016年度，国内高校独立组织的哲学社科方向的国际学术会议共142次，

2016 年 84 次，2015 年 58 次；国内高校与国内单位（包括高校）联合组织的哲学社科方向的国际学术会议共 107 次，2016 年 55 次，2015 年 52 次；国内高校与国外单位（包括高校）联合组织的哲学社科方向的国际学术会议共 94 次，2016 年 51 次，2015 年 43 次；国外高校独立组织的哲学社科方向的国际学术会议共 27 次，2016 年 8 次，2015 年 19 次；政府或非政府组织独立组织的哲学社科方向的国际学术会议共 46 次，2016 年 29 次，2015 年 17 次。在 2015～2016 年度中国学者参加的所有哲学社科方向的国际学术会议中，国内高校独立组织的占比最大，高达 34%，国内高校与国外单位（包括高校）联合组织的哲学社科方向的国际学术会议占比也较高，达到了 23%（见表 7－3）。

表 7－3　2015～2016 年度中国学者参加的哲学社科方向
国际学术会议组织机构分布情况

单位：次

机构 年份	国内高校 独立组织	国内高校与 国内单位联 合组织	国内高校与 国外单位联 合组织	国外高校 独立组织	政府或非 政府组织 独立组织
2015	58	52	43	19	17
2016	84	55	51	8	29
合计	142	107	94	27	46
占比（%）	34	26	23	6	11

二　年度分析

（一）与以往比较，2015～2016年度中国学者参加的哲学社会科学国际学术会议情况特点

与 2013～2014 年度相比较，2015～2016 年度中国学者参加的哲学社会科学国际学术会议有以下几个方面的特点。

1. 会议召开次数增幅较大

由 2013～2014 年度的 119 次增加到 2015～2016 年度的 416 次，增幅为 250%。具体情况如图 7-3 所示。

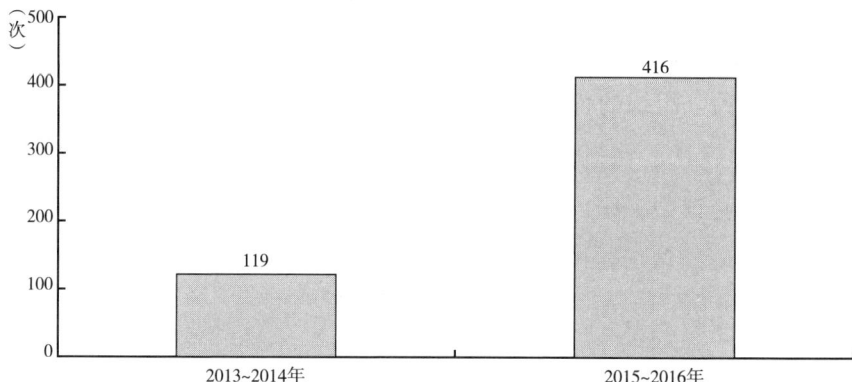

**图 7-3　2015～2016 年度与 2013～2014 年度哲学
社科方向国际学术会议次数比较**

2. 规模较大的会议召开次数增幅巨大

2013～2014 年度 100～500 人的哲学社科方向的国际学术会议共召开了 18 次，而 2015～2016 年度 100～500 人的哲学社科方向的国际学术会议共召开了 116 次，增幅高达 544%。具体情况如图 7-4 所示。

500 人以上的哲学社科方向的国际学术会议，相比于 2013～2014 年度，2015～2016 年度也有所增长，由 10 次增长到 14 次，增幅为 40%。具体情况如图 7-5 所示。

3. 在同年度所召开的哲学社会科学方向的国际学术会议中规模较大会议所占比重有所提高

2013～2014 年度，共召开哲学社科方向的国际学术会议 119 次，其中 100～500 人和 500 人以上的哲学社科方向的国际学术会议占了 23.5%。而在 2015～2016 年度，100～500 人和 500 人以上的哲学社

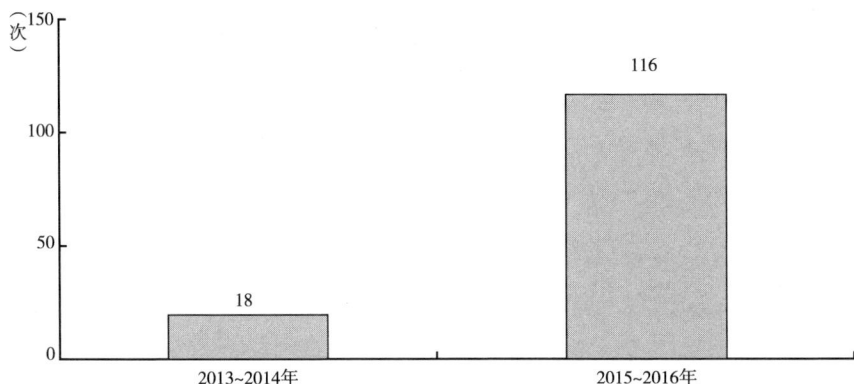

图 7 – 4　2015 ~ 2016 年度与 2013 ~ 2014 年度 100 ~ 500 人
哲学社科方向国际学术会议次数比较

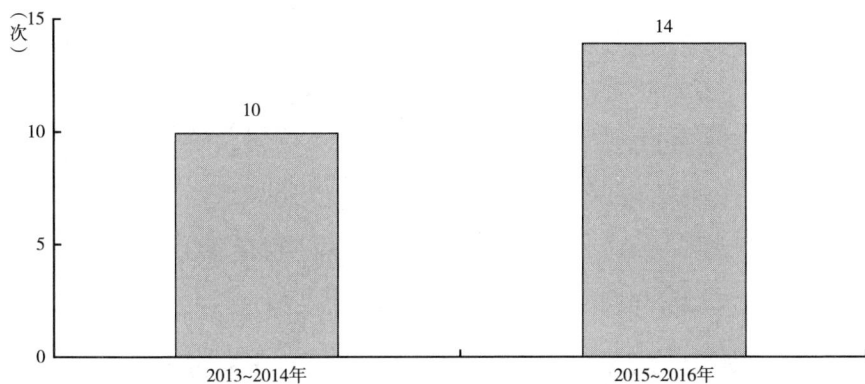

图 7 – 5　2015 ~ 2016 年度与 2013 ~ 2014 年度 500 人以上
哲学社科方向国际学术会议次数比较

科方向的国际学术会议召开了 130 次，占同年度所召开的所有哲学社
科方向国际学术会议的 31.3%。具体情况如图 7 – 6 及图 7 – 7 所示。

4. 国内高校与国外单位（包括高校）联合组织的哲学社会科学方向的
国际学术会议有较大幅度的增长

2013 ~ 2014 年度，国内高校与国外单位（包括高校）联合组织
的哲学社科方向的国际学术会议共 22 次，占同年度所召开的哲学社

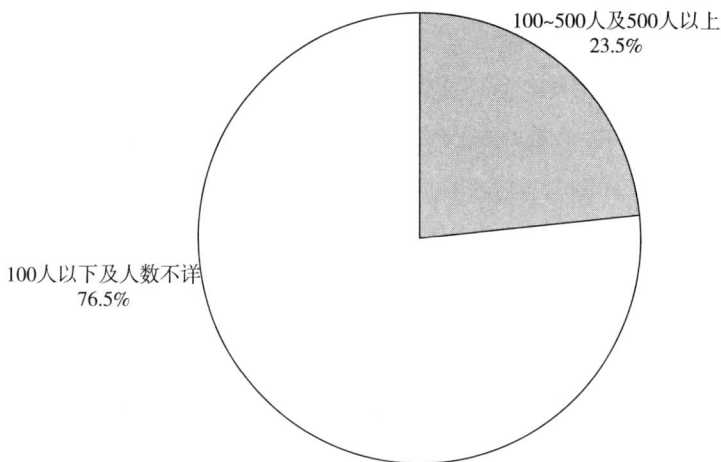

图 7 - 6　2013～2014 年度 100～500 人及 500 人以上
哲学社科方向国际学术会议增幅比较

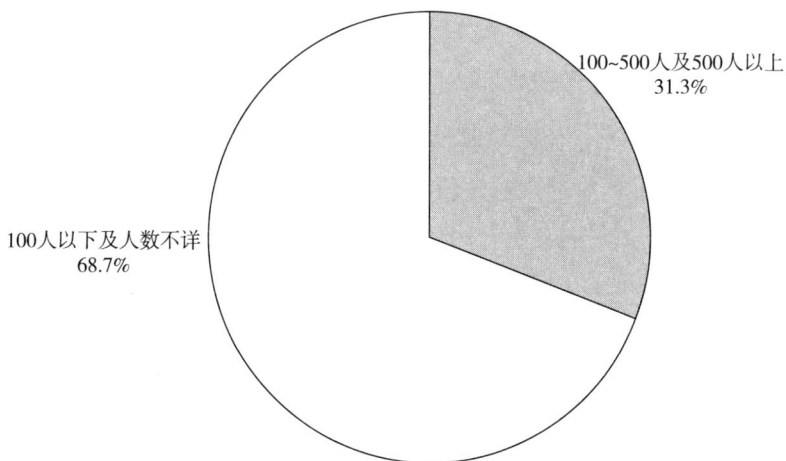

图 7 - 7　2015～2016 年度 100～500 人及 500 人以上
哲学社科方向国际学术会议增幅比较

科方向国际学术会议总数的 18.5%（见图 7 - 8）。而在 2015～2016
年度，国内高校与国外单位（包括高校）联合组织的哲学社科方向
的国际学术会议共 94 次，占同年度所召开的哲学社科方向国际学术
会议总数的 22.6%（见图 7 - 9）。国内高校与国外单位（包括高

校）联合组织的哲学社科方向国际学术会议的增多，表明了国内外学术和文化交流的进一步发展。就国际学术会议来讲，有国外单位尤其是国外高校的参办和支持，意味着会议往往具有较高的质量和规格。因为在国际会议的组织和举办方面，国外单位往往具有更丰富的经验，国外学术资源的融入也往往意味着国际学术会议的学术水平更高。

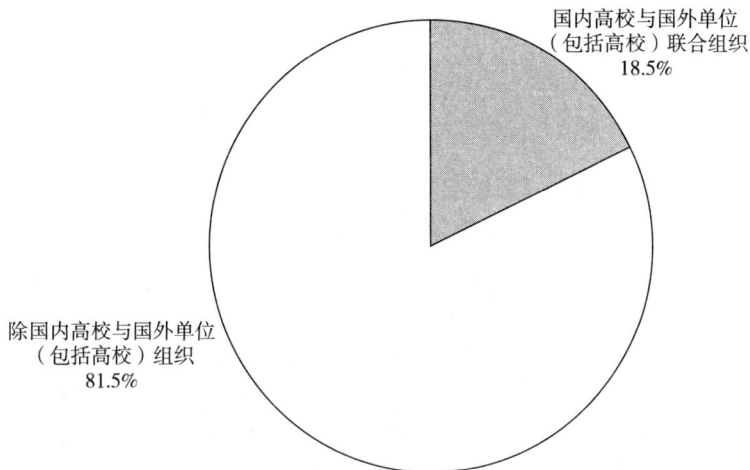

**图 7 − 8　2013 ～ 2014 年度国内高校与国外单位（包括高校）
联合组织哲学社科方向国际学术会议增幅比较**

5. 各个学科的会议召开次数与排名发生了较大变化

首先，会议所涉及学科越来越多，由 2013 ～ 2014 年度的 15 个学科变为 2015 ～ 2016 年度的 18 个学科（见图 7 − 10），新增学科为新闻学与传播学、宗教学、考古学。这说明哲学社科方向的国际学术会议交流的领域越来越广阔，内容越来越丰富。其次，各个学科所召开次数的排名也发生了较大变化。如政治学会议的排名由 2013 ～ 2014 年度的第五名跃居 2015 ～ 2016 年度的首位，语言学由 2013 ～ 2014 年度的第九名跃居 2015 ～ 2016 年度的第三名，教育学由2013 ～ 2014 年

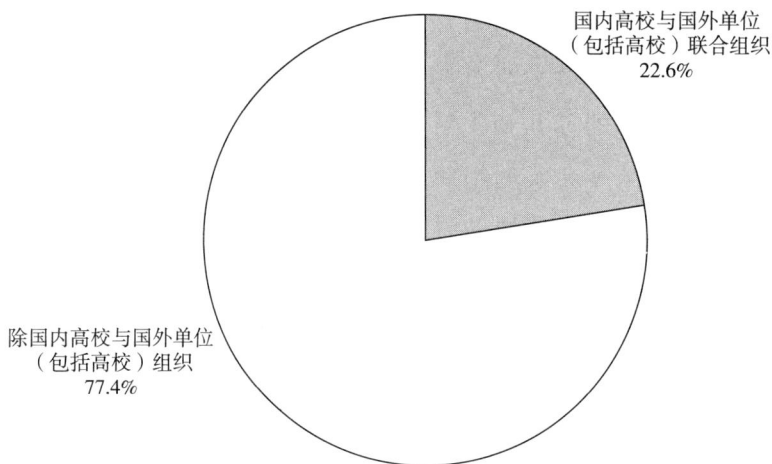

图 7 - 9   2015～2016 年度国内高校与国外单位（包括高校）
联合组织哲学社科方向国际学术会议增幅比较

资料来源：中国学术会议在线、中国社会科学院网站、中国社会科学院各学部网站和北京大学、中国人民大学、北京师范大学、复旦大学、清华大学、南京大学、武汉大学、上海交通大学、天津大学、北京外国语大学、上海外国语大学、天津外国语大学、广东外国语大学、厦门大学、四川大学、中山大学、同济大学、北京语言大学、南开大学、外交学院等高校网站。

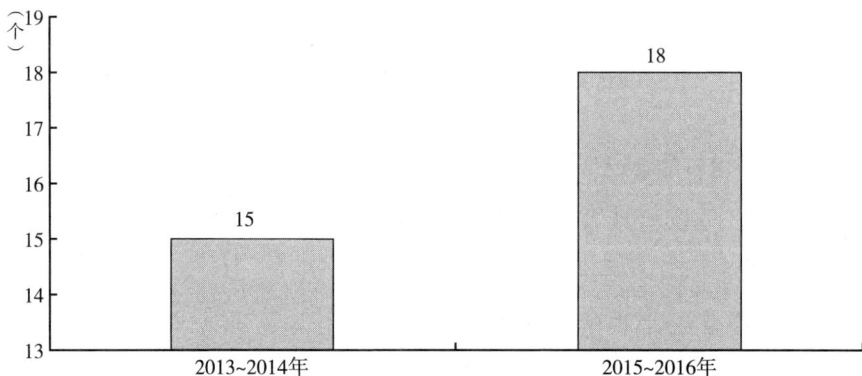

图 7 - 10   2015～2016 年度与 2013～2014 年度哲学社科方向
国际学术会议所涉及学科数量比较

度的第八名跃居 2015～2016 年度的第四名，而哲学则由 2013～2014 年度的第二名降到 2015～2016 年度的第十名。最后，从会议召开的次数来看，变化较大。政治学由 2013～2014 年度的 30 次增加到 2015～2016 年度的 127 次，经济学由 2013～2014 年度的 31 次增加到 2015～2016 年度的 107 次，语言学由 2013～2014 年度的 24 次增加到 2015～2016 年度的 79 次，教育学由 2013～2014 年度的 21 次增加到 2015～2016 年度的 65 次，民族学与文化学由 2013～2014 年度的 4 次增加到 2015～2016 年度的 37 次，管理学由 2013～2014 年度的 4 次增加到 2015～2016 年度的 24 次。哲学则由 2013～2014 年度的 61 次减至 2015～2016 年度的 14 次。

（二）取得进步的原因分析

2015～2016 年度，有中国学者参加的国际学术会议情况能取得较大的进展，主要有以下几个方面的原因。

1. 国家对"一带一路"倡议的重视引发了学术界对"一带一路"问题研究的热潮

2013 年 9 月和 10 月，国家主席习近平分别提出建设"丝绸之路经济带"和"21 世纪海上丝绸之路"的合作倡议。2015 年 3 月 28 日，国家发展改革委、外交部、商务部联合发布了《推动共建丝绸之路经济带和 21 世纪海上丝绸之路的愿景与行动》。文件指出，传承和弘扬丝绸之路友好合作精神，广泛开展文化交流、学术往来、人才交流合作，开展城市交流合作，欢迎沿线国家重要城市之间互结友好城市，以人文交流为重点，突出务实合作，形成更多鲜活的合作范例，欢迎沿线国家智库之间开展联合研究、合作举办论坛等。《中华人民共和国国民经济和社会发展第十三个五年规划纲要》强调要共创开放包容的人文交流新局面，办好"一带一路"国际高峰论坛，发挥丝绸之路（敦煌）国际文化博览会等的作用，广泛开展教育、科技、文化、体育、旅游、环保、卫生及中医药等领域的合作，构建官民并举、多方参与的人文交流机制，互办文化年、艺术节、电影节、博览会等活动，鼓励丰富多样的民间文化交流。在国家政策的支持和引导下，2015～2016 年，一大批关于"一带一路"的国际学术会议得以举办，涉及的学科主要有政治学、经济学、语言学、民族学与文化学等，这也是 2015～2016 年度中国学者参加的政治学、经济学、语言学、民族学与文化学等学科方面的国际学术会议数量有较大增长的重要原因。影响较大的会议主要有：2015 年 6 月 11 日，中国社会科学院亚洲研究中心主办的第五届亚洲研究论坛，论坛主题是"'一带一路'与亚洲共赢"；2015 年 6 月 12～13 日，中国社会科学院、云南省人民政府主办的第三届"中国－南亚智库论坛"，论坛主题为"构建利益共同体——携手共建'一带一路'"；2015 年 11 月 8 日，由河北大学伊斯兰国家社会发展研究中心主办的"一带一路与伊斯兰国家发展国际研讨会"；2016 年 10 月 15 日，新疆石河子大学主办的"一带一路"背景下阿拉伯－伊斯兰世界语言文化国际研讨会；2015 年 11 月由北京语言大学和中央民族大学联合主办的"'一带一路'沿线的跨境语言文化国际学术研讨会暨第三届中国周边语言文化论坛"；2016 年 8 月由北京语言大学和新疆大学联合主办的第 13 届对外汉语国际学术研讨会（ICCSL13），会议的主题是"面向一带一路的多层次国际汉语教育人才培养模式研究"；2016 年 4 月 25 日上午，由华中师范大学与中国东南亚研究会共同主办的"21 世纪海上丝绸之路和中国印尼战略合作"国际研讨会；2016 年 4 月 18 日，中国社会科学院欧洲研究所与德国阿登纳基金会联合主办的"中欧关系与'一带一路'"国际研讨会；2016 年 9 月 8 日，由中国社会科学院和广西壮族自治区人民政府主办的第九届中国－东盟智库战略对话论坛，论坛以"21 世纪海上丝绸之路与中国－东盟命运共同体建设"为主题；2016 年 4 月 23 日由厦门市人民政府外事侨务办公室与菲律宾、新加坡、泰国驻厦门总领事馆联合主办的"南洋论坛"，论坛以"新海上丝绸之路建设与东盟一体化"为主题；2015 年 10 月 31 日，由中国语文现代化学会汉语国际传播研究分会主办的"'一带一路'战略与汉语国际传播研究暨第四届汉语国际传播学术研讨会"；2015 年 11 月 25~26 日，由北京外国语大学、马来亚大学、国际中国文化研究学会共同主办的"回顾与前瞻：中国文化、软实力与海上丝绸之路建设"国际学术研讨会；2016 年 6 月 17 日，由中国社会科学院与塞尔维亚国际政治经济研究所共同举办的"多瑙河与新丝路"高端智库论坛；2016 年 4 月 14 日，由复旦发展研究院协办的主题为"一带一路：印度、尼泊尔、中国和南亚的机遇与挑战"的中尼友好论坛；2015 年 12 月 8 日，乌克兰教育部下属国际前景研究中心举办的"一带一路：乌中合作现状与未来"学术研讨会；2016 年 7 月 21 日，里斯本大学孔子学院、里斯本大学与中国社会科学院欧洲研究所共同主办的"中国－葡萄牙北京对话：一带一路倡议与中葡合作"国际研讨会；2016 年 11 月 14~15 日，由"一带一路"智库合作联盟、中国人民大学重阳金融研究院与义乌市人民政府联合主办的"2016中国（义乌）丝绸之路经济带城市国际论坛"；2015 年 7 月 18 日，由中国人民大学与交通银行联合主办的"2015 国际货币论坛暨《人民币国际化报告》发布会"，以"'一带一路'建设中的货币战略"为主题；2016 年 12 月 16 日，由天津外国语大学主办的"一带一路"视域下中乌人文交流国际学术研讨会；等等。

2. 中拉关系、中阿关系的新进展引起了学术界对中拉关系和中阿关系研究的重视

2014 年 7 月，中拉领导人在巴西利亚举行历史性的首次集体会晤，建立中拉全面合作伙伴关系，宣布成立中国－拉共体论坛并尽早举行论坛首届部长级会议。2015 年，"中国－拉共体"首届部长级会议在北京召开，习近平主席在开幕式上发表题为《共同谱写中拉全面合作伙伴关系新篇章》的重要讲话。与会代表围绕"新平台、新起点、新机遇——共同努力推进中拉全面合作伙伴关系"主题，进行坦诚深入的交流，达成了《中国－拉共体论坛首届部长级会议北京宣言》、《中国与拉美和加勒比国家合作规划（2015～2019)》和《中国－拉共体论坛机制设置和运行规则》三个成果文件，中拉合作从双边迈向整体合作的新时代。中拉关系的飞跃发展，引发了学术界研究中拉关系的热潮，并召开了诸多关于中拉关系的国际学术会议，主要有：2015 年 5 月 18 日，中国社会科学院拉丁美洲研究所和拉丁美洲开发银行主办的"公共安全与社会治理：中国和拉丁美洲面临的挑战"国际研讨会；2015 年 3 月 31 日，由北京大学国际关系学院与华盛顿美洲对话组织（Inter-American Dialogue）共同主办的"中拉关系 2015：超越互补"国际研讨会；2015 年 9 月 14～16日，由北京外国语大学主办，墨西哥国立自治大学、墨西哥国立自治大学－北京外国语大学墨西哥研究中心承办的第二届"中墨国际学术研讨会"；2016 年 7 月 3 日，由北京大学主办的"东亚－拉美关系暨中日韩拉美学界首届学术研讨会"；2016 年 5 月 16 日，中国社会科学院拉丁美洲研究所主办的"建设一个更有效率的国家：中国与拉美的国家能力、公共政策与发展"国际学术研讨会；2015 年 10 月 30 日，四川大学拉丁美洲研究所和中拉青年学术共同体（CECLA）在四川大学开展的主题为"中国企业在拉美：问题与挑战"的研讨会；2016 年 12 月 1 日，由天津外国语大学主办的第二届中拉国际学术论坛暨"中国、墨西哥和美国高等教育国际学术研讨会"；2015 年 8 月 28～29 日，由中国人民大学经济学院与美国哥伦比亚大学政策对话倡议组织（IPD）联合主办的"探索新的发展之路：中国与拉丁美洲的经验"国际学术研讨会；

等等。

近些年来中阿关系的迅速发展对国际学术会议的召开也产生了较大的影响。2004年，中国－阿拉伯国家合作论坛成立，并发展成为涵盖众多领域、建有10余项机制的集体合作平台。2010年中国和阿拉伯国家建立全面合作、共同发展的战略合作关系，中阿集体合作进入全面提质升级的新阶段。习近平主席在2014年中阿合作论坛第六届部长级会议开幕式上发表重要讲话，指明了中阿集体合作的重点领域和优先方向，为中阿关系发展和论坛建设确定了行动指南。2016年，中国政府制定了首份对阿拉伯国家的政策文件，文件指出，要进一步密切中阿人文交流，加强双方科学、教育、文化、卫生和广播影视领域的合作，增进双方人民相互了解和友谊，密切双方专家学者交流，积极研究建立中阿智库长效交流机制，促进中阿文化相互丰富交融。中阿关系的迅速升温引发了国内外学术界召开一系列研究中阿关系和问题的国际学术会议，主要有：2016年8月16～19日，英国剑桥大学主办的第七届海湾研究学术年会（7th Annual Gulf Research Meeting）；2016年6月4～5日，由上海外国语大学和中国人民对外友好协会主办的"翻译与中阿人文交流"国际研讨会；2015年9月14～15日，上海外国语大学中东研究所、中阿合作论坛研究中心主办的"一带一路"与中阿关系研讨会；2015年9月14日，由国家新闻出版广电总局研修学院、河北大学新闻传播学院、河北大学伊斯兰国家社会发展研究中心主办的中阿传播创新与发展国际研讨会；2015年9月11～13日，由宁夏回族自治区人民政府主办的第三届中国－阿拉伯国家大学校长论坛；等等。

3. 国家对哲学社会科学发展的政策支持与引导

2011年10月18日，党的十七届六中全会通过《关于深化文化体制改革、推动社会主义文化大发展大繁荣若干重大问题的决定》，把繁荣发展哲学社会科学作为建设社会主义文化强国的一项重要内容加以强调。2011 年 11 月 7 日，教育部、财政部联合印发了《高等学校哲学社会科学繁荣计划（2011—2020 年）》，指出要坚持以推进学术交流与合作为主线，坚持"走出去"与"请进来"相结合，提升国际学术交流质量和水平，推动高等学校哲学社会科学走向世界，增强中国学术的国际影响力和话语权。2011 年 11 月 7 日，教育部在印发的《高等学校哲学社会科学"走出去"计划》中进一步指出，要积极参与国际学术活动和学术组织，设立国际学术会议专项，支持高等学校举办、创办高层次国际学术会议。鼓励参与和设立国际学术组织、国际科学计划，选拔推荐优秀人才参与国际组织的招聘，加强国际职员和复合型人才培养储备。2012 年 11 月 8 日党的十八大召开，十八大报告指出要扎实推进社会主义文化强国建设，增强文化整体实力和竞争力，推动文化事业全面繁荣，发展哲学社会科学、新闻出版、广播影视、文学艺术事业，扩大文化领域对外开放，积极吸收借鉴国外优秀文化成果。2016 年 3 月 16 日，十二届全国人大四次会议表决通过了《中华人民共和国国民经济和社会发展第十三个五年规划纲要》，指出要实施哲学社会科学创新工程，构建哲学社会科学创新体系。构建中华优秀传统文化传承体系，实现传统文化创造性转化和创新性发展。加大中外人文交流力度，创新对外传播、文化交流、文化贸易方式，在交流互鉴中展示中华文化独特魅力，推动中华文化走向世界。推动政府合作和民间交流互促共进，增进文化互信和人文交流。《纲要》还指出，推进国际汉学交流，完善海外中国文化中心建设运营机制，支持海外侨胞开展中外人文交流，打造符合国际惯例和国别特征、具有我国文化特色的话语体系，运用生动多样的表达方式，增强文化传播亲和力。

2015～2016 年度，哲学社会科学类国际学术会议在各方面能够获得较大的发展，除了以上原因，最根本的原因在于随着经济全球化的发展，国家之间各个领域尤其是文化的交流不断加强。更为重要的是，中国开放力度的进一步加大，发展理念的进一步创新，对文化多样性的尊重以及党和国家对十八大提出的"建设人类命运共同体"理念的坚决贯彻和落实，使中国对国际的吸引力和影响力越来越大。

三　影响重大的国际学术会议

2015～2016年度，我国哲学社会科学类国际学术会议较之以往可以说取得了较大的发展与提高，对国内、国际都产生了深远的影响，由于篇幅所限，无法一一列出，仅挑选出其中影响力最大的会议，挑选的原则有两个，一是规模，二是尽量兼顾所有学科，具体内容如下。

1. 国际货币论坛暨《人民币国际化报告》发布会

2016年7月24日，2016国际货币论坛暨《人民币国际化报告》发布会在中国人民大学举行。中国人民银行副行长陈雨露，中国人民大学校长刘伟，上海证券交易所理事长吴清，中国社会科学院原副院长李扬，广东省人民政府党组成员、原副省长陈云贤，交通银行副行长王江出席会议并发表演讲。中国人民大学财政金融学院院长郭庆旺，厦门国际金融技术有限公司董事长、中国进出口银行原副行长曹彤，巴基斯坦央行原行长亚辛·安瓦尔，国际货币基金组织（IMF）原亚太部门主管阿努普·辛格等来自欧洲、美洲和亚洲多个国家和地区的金融管理部门、科研院所以及金融实业界的500余位著名专家学者参加会议并发表演讲。百余家媒体参与报道。本次论坛由中国人民大学与交通银行联合主办，中国人民大学财政金融学院、中国财政金融政策研究中心、国际货币金融机构官方论坛（OMFIF）协办，中国人民大学国际货币研究所（IMI）承办。论坛由开幕式暨《人民币国际化报告》发布会与四个平行论坛组成。论坛开幕式暨《人民币国际化报告》发布会由郭庆旺院长主持。

平行论坛 I 以"人民币加入 SDR 后的汇率改革与风险防范"为主题，由 IMI 执行所长贲圣林主持。台北外汇市场发展基金会董事长周阿定，英国东亚委员会秘书长、中国国家外国专家局外国专家建议咨询委员会高级顾问麦启安，对外经济贸易大学校长助理丁志杰，上海国际金融中心研究院副院长丁剑平，国际清算银行原高级经济学家赫伯特·伯尼什，南非人文科学研究院金砖国家研究中心主任加亚·乔西，中银香港首席经济学家鄂志寰，英国 Sciteb 公司主席尼古拉斯·比尔等先后发表了主题演讲。货币金融机构官方论坛（OMFIF）联席主席戴维·马什还专门从英国发来演讲视频。国家外汇管理局原副局长魏本华，中国人民银行国际司原司长张之骧，香港中文大学经济学教授、国际清算银行原区域高级顾问马琳·艾姆斯戴德，俄罗斯联邦储蓄银行驻华首席代表齐普拉科夫·谢尔盖，中国银行国际金融研究所副所长宗良等嘉宾围绕该主题进行圆桌讨论。

平行论坛 II 聚焦"中国资本市场：开放、风险与监管"，由中国人民大学财政金融学院副院长赵锡军主持。中国社会科学院金融研究所所长王国刚，上海黄金交易所理事长焦瑾璞，国务院发展研究中心研究员吴庆，中央财经大学金融学院副院长应展宇，民生证券副总裁管清友，交银国际董事总经理、研究部负责人洪灏，中央党校经济学部宏观室主任陈启清等先后发表了主题演讲。大连商品交易所原总经理冯博、博海资本董事长兼首席投资官孙明春、来宝集团中国首席经济学家李琳、长江养老保险股份有限公司首席经济学家俞平康、中国民生银行私人银行部总经理孔庆龙等嘉宾参与圆桌讨论。

平行论坛 III 主题为"供给侧结构性改革与实体经济风险防范"，中国财政金融政策研究中心主任瞿强主持研讨。中国社会科学院经济研究所所长裴长洪，华夏新供给经济学研究院院长贾康，中国光大集团股份公司副总经理刘珺，苏宁云商集团副总裁、苏宁金融集团常务副总裁黄金老，台湾永丰银行行长、台湾永丰金融控股股份有限公司财务长张晋源等先后发表了主题演讲。华融国际信托公司董事长周道许、IMI 副所长向松祚、长江商学院教授周春生等嘉宾参与圆桌讨论。

在平行论坛Ⅳ "中美学生领袖对话" 中，来自中国人民大学、清华大学、耶鲁大学等国内外著名高校的学生代表使用中文就 "中美合作：防范宏观金融风险" 展开圆桌对话。中国人民大学财政金融学院教授何青担任主持人。美国 CET 学术项目学术主任冯禹，《财经》杂志社执行主编何刚，台湾高雄大学应用经济系副教授蔡颖义，IMI 研究员钱宗鑫等专家对学生演讲进行了点评。中国人民大学财政金融学院党委书记纪红波发表了会议总结。"中美学生领袖对话" 已经连续举办三届，为来自世界顶尖学府的青年学子提供了展示学术才华的舞台，有利于中美两国学生深入了解人民币国际化进程中的中美合作等重大战略问题。

国际货币论坛是由 IMI 承办的国际性年度论坛，自 2012 年以来已连续举办五届。论坛定期发布《人民币国际化报告》，并对国际金融领域的重要理论和现象进行深入探讨。论坛吸引了来自欧、美、亚等地区科研院所、政府部门和金融机构的著名专家学者参与讨论。

2. 北京论坛（2015）

2015 年 11 月 6 日上午，第十二届北京论坛在钓鱼台国宾馆拉开序幕。恰逢世界反法西斯战争胜利 70 周年与联合国成立 70 周年，本届北京论坛主题设置为 "文明的和谐与共同繁荣——不同的道路和共同的责任"，旨在推动亚太地区乃至全球学术发展，并为世界的和平发展与文明的繁荣进步做出贡献。400 余位中外嘉宾学者出席了开幕式，开幕式由北京大学党委书记、校务委员会主任朱善璐主持。朱善璐在开幕致辞中表示，文明的和谐与共同繁荣是大家的一致追求，这不会因道路选择与文化差异有所分歧。当前人类社会的文化、文明与价值观正处在一个重要的十字路口，如何在回答和应对这三者的冲突与发展中寻求新的和谐，是全世界共同思考的问题。北京论坛是一个具有广泛国际影响、以文明与文化为主题的学术论坛，自 2004 年创办以来得到中国政府与国际学界的大力支持与高度关注，在"文明的和谐与共同繁荣"论坛主题下，保持特色并与时俱进，为亚太地区乃至全球的学术发展做出了自己的贡献。中国教育部副部长杜占元在致辞中对北京论坛在教育方面所发挥的重要作用表示了肯定。他指出，在全球化的背景下，推动不同国家和地区、不同文化和文明之间的相互尊重与沟通具有十分重要的学术价值和现实意义。对此，教育无疑能够发挥文明传承与创新、沟通与互鉴的重要作用。近年来，我国教育事业不断发展，取得了显著成就，为中国政治、经济和文化发展做出了重要贡献。中国教育部愿意与世界一道，以教育传承优秀传统文化、促进传统文明和现代文明的融合、促进国际交流与文化互鉴，"各美其美，美人之美，美美与共"，为实现文明和谐与共同繁荣而携手努力。联合国副秘书长、联合国秘书长特别顾问伊克巴勒·里扎宣读了联合国副秘书长、联合国秘书长特别顾问约瑟夫·里德的贺信。里德在贺信中表示，当今世界中极端主义和暴力行为依然存在，这需要我们承担共同的责任来创造更加和谐的世界，而以"文明的和谐与共同繁荣"为主题的北京论坛则为此提供了有效的对话平台。联合国秘书长潘基文发来视频致辞，肯定了中国在维护世界和平、促进人类文明发展中所做的努力。本届开幕式的主旨演讲环节由韩国高等教育财团事务总长朴仁国主持。美国艺术和科学院院士、哈佛大学教授、哈佛中国基金主席柯伟林（William C. Kriby），英国政府国际发展部首席经济学家、牛津大学教授斯蒂文·邓（Stefan Dercon），北京大学历史学系教授、中国英国史研究会会长、英国皇家历史学会通讯会士钱乘旦分别发表了演讲。本届论坛为期三天，共设五个分论坛、两个专场和一个学生论坛，分别探讨"一带一路"、文明交流、社会创新、艺术史、城镇化、国际关系与生态保护等议题。

3. G20智库论坛

2015 年 7 月 30 日，有史以来规模最大的 G20 国家智库论坛在北京开幕，来自中国、美国、英国、日本、德国等 20 个大国的顶级智库代表、部分政要及 500 多位听众参会，为 2015 年年底的土耳其 G20 峰会和 2016 年即将在中国召开的 G20 峰会献计献策。作为中国人民大学主办的第三届 G20 智库论坛，本次论坛的主题是"全球治理与开放型经济"，由中国人民大学重阳金融研究院、上海国际问题研究院、中国社会科学院世界经济与政治研究所和土耳其经济政策研究基金会联合具体承办，目标是更好地研究全球经济增长面临的问题与对策。联合国工业发展组织前总干事、全球中小企业联盟主席卡洛斯·马格里诺斯，西班牙前首相萨帕特罗，中国人民大学校长陈雨露，外交部国际经济司司长张军等在开幕式上做了演讲。论坛开幕式上发布了 G20 智库 2015 年年度报告《为增长而合作：塑造全球经济协调体系》。报告发布人为中国人民大学重阳金融研究院执行院长王文。报告指出，目前诸多全球性的新机遇正在涌现，为全球经济真正走出危机带来希望，而中国与 G20 其他成员需要为迎接全球化新机遇做出努力——以"大金融"引领国际货币秩序的内在升级，以大合作实现开放经济时代的内生增长，以大治理配合创新驱动浪潮的内涵发展，进而构建全球经济协调体系。报告强调，2016 年中国 G20 峰会应提出截止到 2021 年的五年期量化目标。作为长期愿景，还可考虑提出"G20 中长期发展愿景（2030）"和"G20 长期发展愿景（2050）"。开幕式上还举行了 20 国智库中国官方网站 T20china.org 启动仪式，网站的建立将进一步通过加强智库合作为 2015 年土耳其 G20 峰会及 2016 年中国 G20 峰会献计献策，以便更好地服务于 G20 机制，并推进全球治理体系与治理能力不断取得进步。网站的运营者中国人民大学重阳金融研究院是全球唯一连续承办了三届 G20 智库论坛（T20）的智库。T20 是 G20 最重要、最有影响力的外围影响力机制之一，除此之外，还有 B20（20 国商业论坛）、Y20（20 国青年论坛）和 W20（20 国妇女论坛）等。论坛闭幕式通过了第三届 G20 智库共同声明。

4. 第五届世界汉学大会

2016 年 11 月 11 日上午，由孔子学院总部、国家汉办和中国人民大学共同主办的第五届世界汉学大会在中国人民大学开幕，近百名中外学者共聚一堂，围绕"比较视野下的汉学：传统与革新"（Sinologies in a Comparative Context：Tradition and Innovation）主题展开对话交流。中国人民大学党委书记、校务委员会主任靳诺，孔子学院总部副总干事、国家汉办副主任静炜，中日韩三国合作秘书处秘书长、前驻外大使杨厚兰等出席开幕式。来自中国人民大学、北京大学、清华大学、北京师范大学、北京外国语大学、北京语言大学、中央民族大学、同济大学、华东师范大学、上海师范大学、中山大学、香港中文大学、香港城市大学、澳门圣若瑟大学、台湾"清华大学"、台湾辅仁大学，美国普林斯顿大学、耶鲁大学、芝加哥大学，英国牛津大学、格拉斯哥大学、伦敦大学，荷兰莱顿大学，意大利罗马大学，奥地利维也纳大学，瑞士巴塞尔大学，爱尔兰都柏林大学，土耳其安卡拉大学，澳大利亚新南威尔士大学，韩国首尔大学、延世大学，日本筑波大学，中国社会科学院、孔子学院总部等国内外院校和机构的专家学者参加开幕式。中国人民大学副校长伊志宏主持开幕式。随后的主题发言环节由中国人民大学教授杨慧林主持。荷兰莱顿大学柯雷教授做了题为"'新/旧汉学'：在（新）区域研究理念下的思考"的演讲，中国人民大学孙郁教授做了题为"海外汉学中的鲁迅研究"的发言，中国社会科学院黄平教授和澳大利亚新南威尔士大学寇志铭教授分别就相关话题进行了探讨。本届大会上，近40位海外学者、30多位参加"孔子新汉学计划"的海外博士生以及40多位国内学者进行了深入的对话交流。不同于以往四届的较大规模，本届大会根据世界汉学大会理事会的建议，精简人数、凝练议题，以期让中外学者实现更充分的探讨研究。第五届世界汉学大会的主题特别用复数形式表达"汉学"（Sinologies），凸显了汉学本身的多样性。为此，本届大会的全部发言都采取中外学者直接对话的方式。在两天的时间内，与会学者围绕"汉学与中国""汉学与西学""汉学刊物的百年回顾""汉学范式的古今之争"等议题进行一对一的交流。大会还设立两个专题论坛，其中"孔子新汉学计划"博士生论坛吸引了40多位来自各国的青年学者；"中日韩共用汉字辞典编撰论坛"会聚三国专家，就"中日韩共同常用汉字表"的进一步开发展开讨论。与会学者表示，汉学最突出的特质就在于跨文化、跨语言与跨学科。汉学不仅是文化对话的天然媒介，同时也启发人类对自身发展的进一步思考，通过不同思想的交流、交锋、交融，推进人与人的相识、相知、相通。世界汉学大会始终致力于跨越历史传统与文化身份的隔阂，倡导当今世界由对话而增进理解，因理解而尊重差异，从差异而达致和谐，为推动汉学研究形成新范式、中西文化自由交流做出了极大贡献。世界汉学大会自2007年起已在中国人民大学成功举办了四届，从"文明对话与和谐世界"、"汉学与跨文化交流"、"汉学与当今世界"到"东学西学四百年"，历届大会始终把握和引领汉学的发展和走向，对汉学研究形成愈发广泛的号召力和影响力，成为中外学者沟通与交流的重要平台。

5. 第七届全球传播论坛

上海交通大学等主办的第七届全球传播论坛，于2016年7月16～17日在贵州省贵阳市孔子学堂成功举行。这是全球传播论坛首次到中国西部地区办会，目的是为中国西部地区与中国其他地区及世界各地之间的传播研究与教育的合作牵线搭桥，体现了该学术平台进一步兼容全球化与本土化、服务社会进步及延伸品牌效应的发展愿景。本次论坛的主题为"全球网络化与大数据时代的文化认同与区域发展"。重点考察新媒体背景下当今社会和社区的文化认同与全面发展问题，为中外传播学者提供思考的良机；深入考察正在急剧变化的媒体环境与文化认同、区域发展之间的关系；为各国、各地区的传播学者提供对话的平台；促进各个区域之间乃至全球范围内的互动和交流。论坛由上海交通大学、贵州民族大学、贵州省传播学学会主办，云南大学、四川大学、台湾世新大学、美国普渡大学、丹麦哥本哈根商学院、国际传播学会（ICA）等协办，来自美国、新加坡、日本、中国40多家传播教育与研究机构的120余名专家学者齐聚一堂，围绕论坛主题，展开了热烈的交流与讨论。论坛开幕式由贵州民族大学传媒学院颜春龙院长主持，贵州民族大学陶文亮校长，贵州省网信办陈明副主任，上海交通大学全球传播研究院张国良院长，上海交通大学媒体与设计学院邵国松副院长，国际传播学会前任主席帕翠斯教授，台湾世新大学陈清河副校长，云南大学传播与民族文化研究所郭建斌所长等合作机构代表先后致辞。论坛邀请了10位中外知名学者发表主题演讲，组织了9个论文专场及1个圆桌会议，探讨了媒介情境与文化认同、媒介生态与社会发展、传播技术与媒介变革、数字鸿沟与媒介素养、媒介呈现与传播效果、媒介伦理与传播法制、媒介角色与社会责任，以及如何发表高质量的学术期刊论文等富有理论意义、应用价值和共同兴趣的前沿议题。本届论坛的鲜明特色和丰硕成果，得到了社会各界的广泛关注，新华网、人民网、中国新闻网、中国日报网、中国网、华夏网、凤凰网、西部网、华讯网、新浪网、网易网、搜狐网、千龙网、解放网、东方网、参考消息、今日头条、贵州电视台等30多家媒体予以报道。

6.亚欧经济论坛

2016 年 9 月 21~22 日，第十届"亚欧经济论坛"在中国人民大学举办。本次论坛主题为"新时代的全球宏观经济政策协调"，分为闭门研讨和公开论坛两部分，由中国人民大学重阳金融研究院等六家智库联合主办。经过近一天半的闭门研讨，公开论坛于 9 月 22 日下午在中国人民大学世纪馆北大厅举行，来自欧洲、亚洲的政界、学界及新闻界人士 200 余人共聚一堂。22 日公开论坛的主题是"杭州峰会之后的 G20 及全球经济治理"，由中国人民大学重阳金融研究院执行院长王文主持。欧盟委员会前副主席 Viviane Reding 女士和中国财政部副部长朱光耀发表了主题演讲。公开论坛发布了成果报告《全球经济新常态下的国际宏观经济政策协调》。该课题由中国人民大学重阳金融研究院首席经济学家何帆组织牵头，联合国家发改委、中国社会科学院等多个政府决策和咨询部门共同完成。何帆介绍了研究报告的核心内容，主要分为三个部分，包括形势研判、历史经验梳理和对策建议。报告指出，为避免世界经济再次陷入危机的泥潭，世界各国亟须加强全球宏观经济政策协调。具体来说，可以从五个方面加以改进，包括各国留出足够的国内政策空间、首倡国际公共产品合作、允许在全球经济治理改革方面"良性竞争"、发挥专业化的国际组织的作用以及加强大国间的合作。在公开论坛的圆桌讨论环节，法国财政部首席经济学家 Michel Houdebine、日本国际经济研究所副董事长 Kiyoto Ido、韩国高丽大学国际研究部特聘教授 Yung Chul Park 和中国财政部国际财经中心周强武主任等嘉宾参与圆桌讨论，嘉宾们就如何推进全球治理体系改革进行了深入讨论。

在此前举办的闭门研讨会中，还有许多专家学者参与讨论，包括中国社会科学院学部委员余永定，中国改革基金会国民经济研究所副所长、高级研究员王小鲁，中国人民大学财政金融学院院长、中国人民大学重阳金融研究院执行理事郭庆旺，清华大学教授、中国人民银行货币政策委员会委员白重恩，北京大学教授、中国人民银行货币政策委员会委员黄益平，北京大学国家发展研究院教授卢锋，中国银行间市场交易商协会国际部主任万泰雷，中国社会科学院世界经济与政治研究所研究员张斌，亚欧基金执行董事张炎，安盛投资管理亚洲有限公司新兴亚洲高级经济学家 Aidan Yao，法国 NATIXIS 银行亚太地区首席经济学家 Alicia Garcia Herrero，贝塔斯曼基金会主管 Andreas Esche，布鲁格尔研究所高级研究员 André Sapir，法国国际经济研究中心主任 Sébastien Jean，法国国际经济研究中心副主任 Christophe Destais，布鲁格尔研究所所长 Guntram Wolff，韩国高丽大学国际研究系教授 Innwon Park，欧洲中央银行经济总署首席顾问 Klaus Masuch，韩国国际金融局局长 Kyung – Wook Hur，牛津经济研究院亚洲经济研究主管 Louis Kuijs，东京大学教授 Masahiro Kawai，亚洲开发银行研究所所长 Naoyuki Yoshino，亚洲开发银行研究所经济学家 Matthias Helble，韩国银行研究部总干事 Min Chang，WTO 经济研究与统计署主管兼首席经济学家 Robert Koopman，日本央行前政策委员会成员 Sayuri Shirai，法国社会科学高等研究院教授 Sébastien Lechevalier，德国联邦经济事务和能源局经济政策分析负责人 Stephan Profit，荷兰皇家壳牌公司首席经济学家 Suman Bery，韩国高丽大学教授 Sungjin Kang，韩国金融研究院院长 Sungwhan Shin，日本金融厅国际事务局副局长 Takuo Komori，贝塔斯曼基金会可持续发展计划高级项目经理 Ulrich Schoof，亚洲开发银行研究院研究部主任 Wan Guanghua，韩国高丽大学国际研究部特聘教授 Yung Chul Park 等。

7. 世界马克思主义大会

由北京大学主办的首届世界马克思主义大会于 2015 年 10 月 10 日在京开幕。来自五大洲的近 400 位中外马克思主义研究学者会聚北大，在两天会期内共同探讨"马克思主义与人类发展"。北京大学党委书记朱善璐，教育部副部长、党组副书记杜玉波在开幕式上致辞。

中共中央文献研究室主任冷溶，北京市委常委、教工委书记苟仲文，《光明日报》总编辑何东平，《人民日报》副总编辑杜飞进等嘉宾出席开幕式。开幕式由北京大学校长林建华主持。在开幕式后的主旨演讲中，北京大学中国道路与中国化马克思主义协同创新中心主任顾海良、埃及经济学家萨米尔·阿明、中国人民解放军国防大学副政委吴杰明、美国哈佛大学教授罗德里克·麦克法夸尔、北京大学常务副校长刘伟、北京大学马克思主义学院执行院长孙熙国等分别发表演讲。在随后举行的 8 个分论坛、3 场高端对话中，学者们立足于中国道路、中国理论和中国制度，直面当今国际社会面临的共同问题，探讨马克思主义、中国经验和人类发展中的重大问题，彰显马克思主义的世界影响力，以思想创新推动人类文明发展。

8. 第九届中国－东盟智库战略对话论坛

2016 年 9 月 8 日，第九届中国－东盟智库战略对话论坛在广西南宁举行，来自中国及东盟各国智库机构、高校、政府、企业的专家学者 100 多人出席了论坛。中国社会科学院副院长、党组成员蔡昉，广西壮族自治区人民政府副主席黄日波，老挝社会科学院副院长安菲万·卡牡斯·恩格西维丽，柬埔寨皇家科学院副院长宋春奔，广西社会科学院院长李海荣等出席开幕式并致辞。本次论坛以"21 世纪海上丝绸之路与中国－东盟命运共同体建设"为主题，重点讨论"21 世纪海上丝绸之路与中南半岛经济走廊建设""21 世纪海上丝绸之路与中国－东盟国际产能合作""21 世纪海上丝绸之路与中国－东盟海上合作""东盟共同体建设与中国－东盟合作发展""21 世纪海上丝绸之路与中国－东盟智库交流机制建设"等 5 个议题。与会嘉宾纷纷对"一带一路"倡议下的中国－东盟合作共赢进行了现状分析与愿景展望。本次论坛由中国社会科学院和广西壮族自治区人民政府主办，广西社会科学院和中国－东盟博览会秘书处共同承办。据悉，中国－东盟智库战略对话论坛自 2008 年以来，已连续举办 9 届，成为中国与东盟各国政府、企业、智库研究机构等各方广泛参与的交流平台，为双方合作互通发挥了积极作用。中国－东盟智库战略对话论坛已经成为中国与东盟国家智库交流与合作的重要平台，未来在推动 21 世纪海上丝绸之路和中国－东盟命运共同体建设、中国－东盟自由贸易区升级版建设，以及中国－东盟全面战略伙伴关系发展中，将继续发挥作用。

9. 第三届"中国－南亚智库论坛"

2015 年 6 月 12～13 日，第三届"中国－南亚智库论坛"在云南昆明举行。本届论坛主题为"构建利益共同体——携手共建'一带一路'"。与会者就"一带一路"与沿线地区的发展需求与利益共赢、"一带一路"建设面临的机遇和挑战、"一带一路"建设的制度安排等议题展开深入探讨。缅甸外交部下属的战略与国际问题研究所主席钮茂盛，印度中国研究所所长阿查里亚，四川大学南亚研究所常务副所长李涛，巴基斯坦－中国研究所项目主任阿扎姆，尼泊尔工业联合会名誉主席、尼泊尔前制宪会议成员、乔杜里集团公司主席乔杜里，中国改革开放论坛战略研究中心常务副主任马加力，巴基斯坦政策研究所所长拉赫曼，中国社会科学院南亚研究中心主任、《南亚研究》编辑部主任叶海林等做了主题发言。论坛是"第三届中国－南亚博览会"的系列活动之一，由中国社会科学院、云南省人民政府主办。来自中国、南亚以及东南亚等相关国家和地区研究机构、高校的专家学者和政府官员 150 余人参加了会议。

10. 国际儒学论坛

2016 年 12 月 2～4 日，由中国人民大学与韩国高等教育财团联合主办的"国际儒学论坛·2016"在国学馆举行。本次论坛的主题是"儒家视域中的家国天下"，来自中国、韩国、日本和瑞士等国家的 120 多位专家、学者参加会议。中国人民大学校长刘伟、副校长伊志宏，韩国高等教育财团事务总长朴仁国，日本驻中国大使馆文化部公使山本恭司等出席论坛。开幕式由伊志宏副校长主持。中国人民大学一级教授、孔子研究院院长张立文，中国哲学史学会会长、清华大学国学研究院院长陈来，国际儒学联合会副理事长、中国孔子研究院院长杨朝明，中国人民大学哲学院院长姚新中，台湾辅仁大学人文学院院长陈福滨，新加坡南洋理工大学人文学院院长陈金樑，韩国成均馆大学荣誉教授李东俊等中外知名专家学者参加论坛。本次论坛会期两天，共收到会议论文95篇，与会专家学者围绕"儒家视域中的家国天下"这一主题，共进行了18场学术报告与学术讨论。"国际儒学论坛"创办于2004年，已经连续举办了12届，成为一个重要的学术平台，既是学术研讨、学术展示的平台，也是培育学术新秀的平台。

11. 首届全球人力资源论坛

2016年5月16日，由中国人民大学劳动人事学院主办的2016首届全球人力资源论坛于中国人民大学逸夫会议中心举办。此次论坛由北森云计算公司协办，领英公司为论坛全球战略合作伙伴。中国人民大学校长刘伟、国家发改委西部开发司巡视员欧晓理、伊朗驻华公使沙赫拉姆·盖扎德等出席会议。来自国家发改委、美国哈佛大学、澳大利亚莫纳什大学、中国人民大学、北森云计算、领英、三一重工、中兴通讯、京东集团、江河创建集团、人瑞集团、吉利集团等政府部门、高校和业界的专家学者近400人参加论坛。本届论坛以中国企业"走出去"的人力资源管理挑战与对策为主题，与会专家就中国企业走向世界舞台的进程和困惑、理论与实践、对策与建议等多个议题展开了探讨。欧晓理巡视员、沙赫拉姆·盖扎德公使、三一重工总裁向文波、领英中国区副总裁于志伟、哈佛大学经济学教授理查德·弗里曼、北森云计算副总裁周丹、中兴通讯人力资源副总裁曾力、京东集团副总裁马健荣、江河创建集团人力资源副总裁刘宇、中国人民大学重阳金融研究院执行院长王文、人瑞集团 CEO 张建国、吉利集团人力资源副总裁魏梅、澳大利亚莫纳什大学商学院副院长李应芳等做了主题发言。中国人民大学劳动人事学院副院长周文霞担任全程主持人。

12. 第21届中美法律交流研讨会

2016 年 12 月 15 日，第 21 届中美法律交流研讨会在上海交通大学凯原法学院召开。本届研讨会由中国商务部、国务院法制办和美国商务部共同主办，上海交通大学凯原法学院承办，上海市法学会破产法研究会、上海交通大学凯原法学院破产保护法研究中心和上海市商务委员会协办。中国商务部国际贸易谈判副代表张向晨，国务院法制办副主任甘藏春，上海交通大学党委书记、上海市人大常委会副主任姜斯宪，美国商务部总法律顾问柯立伟（Kelly R. Welsh）出席开幕式并致辞。来自中美两国的 180 余位专家学者及实务界代表参加了会议。研讨会开幕式由商务部条约法律司副司长陈福利主持。出席开幕式的领导和嘉宾还有：美国纽约南区破产法官 Robert D. Drain、伊利诺伊大学香槟分校法学院教授 Charles J. Tabb、美国司法部破产管理署行政管理办公室总法律顾问兼副主任 Ramona D. Elliott、国务院法制办国际司司长陈富智、上海市商务委员会副主任申卫华、上海交通大学凯原法学院党委书记汪后继等。在随后的会议中，来自中美两国的专家主要围绕"中美破产法及其改革""企业困境的妥善处理：有序清算或重整""破产的司法视角：美国破产法官""破产的司法视角：中国破产法官""复杂公司重整案件的应对""特定行业企业破产中的特殊问题"等议题展开深入探讨和深度交流。

13. "翻译与中阿人文交流"国际研讨会

2016 年 6 月 4~5 日，由上海外国语大学和中国人民对外友好协会主办的"翻译与中阿人文交流"国际研讨会在上海外国语大学举行。来自中国教育部、中国人民对外友好协会、中国翻译协会、上海市政协、阿拉伯国家联盟、阿拉伯翻译家协会以及中国和阿拉伯国家高校、科研机构、组织的官员、学者、师生 100 余人出席会议。上海外国语大学中东研究所刘中民教授、朱威烈教授、孙德刚研究员、丁俊教授、包澄章副研究员应邀出席研讨会。朱威烈教授做了题为"翻译与世界文明秩序构建"的大会主旨发言；丁俊教授做了题为"《古兰经》汉译述评"的发言，并以点评人身份参加了硕士生专场讨论；包澄章副研究员做了题为"中国图书如何走进阿拉伯世界"的发言。

四　问题与建议

2015～2016 年度中国学者参加的哲学社会科学国际学术会议在数量和规模上都有了较大的发展，且以中国举办为主，这说明我国举办国际会议的能力得到了不断的提高，但同时也存在一些问题。

首先，我国召开的哲学社会科学方向的国际学术会议在规模上仍偏小。2015～2016 年度中国召开的规模在 100 人以上的会议仍然不多，尤其是 500 人以上的会议 2015 年和 2016 年两年总共才召开了 14 次，说明我国举办大型国际会议的能力仍需提升。举办大型国际会议与举办单位自身的实力和影响力有密切关系，因此要想成功举办大型国际会议，尤其是成功举办世界一级学会的国际会议，就需要不断提高举办单位主要是各个高校的学术水平。另外，目前在我国举办大型国际会议需要相关国家机构的审批，并需办理较为复杂的手续，这也为我国举办大型国际会议带来不便，建议简化相关审批手续，为大型国际学术会议的举办提供政策和制度支持。

其次，我国召开的哲学社会科学方向的国际学术会议仍存在质量不高的问题。一是会议参加者方面，以国内学者为主，国外学者参与人数较少，即使是中国在国外举办的国际会议，也同样存在国外学者参与较少的问题，这导致会议国际影响较小，在学术交流方面不能产生有效的国际交流和碰撞。今后我们在召开哲学社会科学国际会议时要多邀请在相关专业领域学术造诣高的外国学者，以提升会议的国际影响力和学术含金量。二是提交的论文水平较低，参加会议的门槛较低，国际学术会议存在形式高大上，而内容空洞、质量不高的问题。要解决这一问题必须严把论文提交质量关，提高国际学术会议的参加门槛，这样才能使国际学术会议不流于形式，发挥出应有的作用和影响。

最后，我国召开的哲学社会科学国际学术会议存在较为严重的学科不平衡的问题。国家对"一带一路"倡议的重视和我国国际关系的变化发展，掀起了学术界对"一带一路"相关问题和中阿关系、中拉关系研究的热潮，同时也带动了政治学、经济学、语言学、教育学、民族学和文化学等学科领域的国际学术会议的大量召开。但哲学、艺术学、心理学等与国家的经济、政治形势发展联系不甚密切的基础理论类学科召开的国际学术会议却寥寥无几，甚至呈现大幅度下滑的趋势，如哲学国际会议的召开次数由 2013~2014 年度的 61 次减至 2015~2016 年度的 14 次。这说明哲学社会科学领域的相关高校及单位对于召开国际学术会议仍存在一定的功利主义倾向，需要相关部门的规范和引导。

第八章　中国学者在国际哲学社会科学期刊上发表论文情况（2014~2017）[*]

——基于 SSCI 和 A&HCI 数据库

一　数据来源

SSCI（Social Sciences Citation Index）——社会科学引文索引数据库是目前全球最权威的社会科学引文索引数据库，内容基本覆盖社会科学的各个领域，收录社会科学类 3254 种①具有国际性、高影响力的学术期刊，数据回溯至 1900 年。A&HCI（Arts & Humanities Citation Index）——艺术与人文科学引文索引创建于 1976 年，收录了从 1975 年至今的数据，是艺术与人文科学领域重要的期刊文摘索引数据库。A&HCI 目前收录期刊 1786 种，数据覆盖了考古学、建筑学、艺术、文学、哲学、宗教、历史等人文科学领域。这两个数据库均通过 Web of Science（简称 WOS）平台进行检索，期刊收录列表等信息则可从汤森－路透主页公开获

＊　全慧，北京外国语大学法语语言文化学院馆员。

①　数据采集日期：2018 年 1 月 23 日。官方出版物清单公布日期：2017 年 5 月。

取。^① 这两种引文索引数据库均由汤森－路透公司开发及维护，经过多年发展，业已成为衡量社会科学领域所发表论文质量最重要的参考指标。

关于使用 SSCI 和 A&HCI 来评判论文质量是否科学和全面，我国学界一直有不同的意见。一方面，这两个数据库是典型的西方视角、英语视角（目前 SSCI 收录的中国期刊仅 10 余种，而美国期刊有 1300 余种；英文刊物占全部收录刊物的近90%），中国及其他非英语国家学者的发文因此受到极大的限制，这对于客观评价学术质量显然具有不可回避的负面影响。而且，所有发表在其来源期刊上的文章，不论文体，包括综述（survey）和书评（book review）一概收录，影响了整体质量，甚至让一些投机取巧的人有空子可钻。但另一方面，目前尚未出现更权威更全面的产品来取代之，各国国内的类似数据库（如韩国的 KSCI、中国南京大学出品的 CSSCI、北京大学出品的中文核心期刊索引等）受语言和接受面的限制，目前还难以得到国际学术界的广泛认可。

因此我们认为，目前而言，在评价国内人文社科学者的科研成果时，将上述两种国际检索数据库与 CSSCI 相互参照，共同作为学术评价的相对客观的标准，是比较符合中国国情的。教育部社科司和国务院学位办将 SSCI 和 A&HCI 作为评估学者和科研机构的科研水平以及学科国际水平的重要指标，也已有十余年的历史。^② 在目前我国的科学情报机构尚未拿出一个足以与上述两大检索数据库相媲美的检索系统的情况下，充分利用这两大国际人文社科检索数据库来传播中国的人文社科研究成果不失为一个有效的策略。

此外，WOS 平台近期有了一个重要的变化：首页基本检索中新

---

① http：//ip-science. thomsonreuters. com/mjl/.

② http：//www. moe. gov. cn/jyb_ xwfb/gzdt_ gzdt/moe_ 1485/tnull_ 19237. html.

增了 KCI（Korean Journal Database）和 RSCI（Russian Science Citation Index）两个外国数据库。前者用于检索在韩国出版的学术文献，由韩国国家研究基金会（National Research Foundation of Korea）管理，可用英韩双语检索；后者用于检索研究人员在俄罗斯核心科学、技术、医学和教育期刊上发表的学术性文献，其中包含的出版物由俄罗斯最大的科研信息提供方 Scientific Electronic Library（eLIBRARY.RU）挑选提供，可用英俄双语检索。这一模式对于减少 WOS 英语视角的局限性具有积极作用。我们有理由相信，只要处理好文献规范性等问题，我国的 CSSCI 等权威评价体系与 WOS 合作接轨也指日可待，届时，将有更多以中文写就的文章在此平台上被人检索、阅读到。这对于中国人文社科"走出去"将有极大的促进作用。

本系列报告之所以建立在 SSCI 和 A&HCI 这两个数据库的数据基础之上，除上述原因外，也是因为报告的目标主要在于汇报在一定的时间段内，中国学者在具有世界影响力的刊物上所发表的论文数量、涉及的学科及其趋势等，从而为中国哲学社会科学走向国际的进程定位提供一定的数据支撑，乃是一个定量为主的报告。因此，这两个数据库是目前能够采用的较为全面和权威的数据来源。在更完备的评价体系出台之前，本报告将继续以该数据库组为主要参照体系，为中国哲学社会科学"走出去"工作提供一个相对客观且具有延续性的统计指标。

二　2014~2017年中国学者在 SSCI 和 A&HCI 上
发表论文的基本情况

1. 发文数量总体分析

通过在 WOS 平台上以"国家 = 中国""时间 = 2014~2017"

为条件进行检索，得到在此四年间，中国学者（含港、澳，不含台湾，此为该数据库的默认分类）在 SSCI 上共发表文章 60600 篇，[1] 在 A&HCI 上共发表文章 5342 篇。年度具体情况如表 8 - 1 所示。

结合表 8 - 1 中两个区间段的数据可以看出，2014～2017 年，中国学者在哲学社会科学领域的国际刊物上发表的论文数量呈逐年递增趋势。结合历史来看，从建库之时起至 2013 年，中国学者在 SSCI（回溯至 1900 年）和 A&HCI（回溯至 1975 年）上发表文章总计 62162 篇，而 2014～2017 年四年的发文数量（63715 篇[2]）已超过了该总量，进步趋势非常明显。由此我们可以得出一个结论：2014～2017 年这四年里，中国哲学社会科学领域在国际化方面取得了非常显著的进展。图 8 - 1 可以更直观地反映这一点。

表 8 - 1　2014～2017 年中国学者在 SSCI 和 A&HCI 上的发文总量

数据库 \ 年份	SSCI（篇）	A&HCI（篇）
2014	11092	1164
2015	12878	1231
2016	16664	1457
2017	19966	1490
2014～2017 总量	60600	5342
2012	8126	854
2013	9141	915
2012～2013 总量	17267	1769

资料来源：WOS 数据库。

---

[1]　本文所指的"文章"，包括论文、会议论文、书评、评论等 WOS 平台纳入统计的所有文献类型。最后访问日期：2018 年 7 月 13 日。下同。

[2]　此数据并非将 SSCI 发文量与 A&HCI 发文量简单相加而得，因为部分刊物同时被两种索引收录，故应以数据库去重后查询出的数据为准，下同。

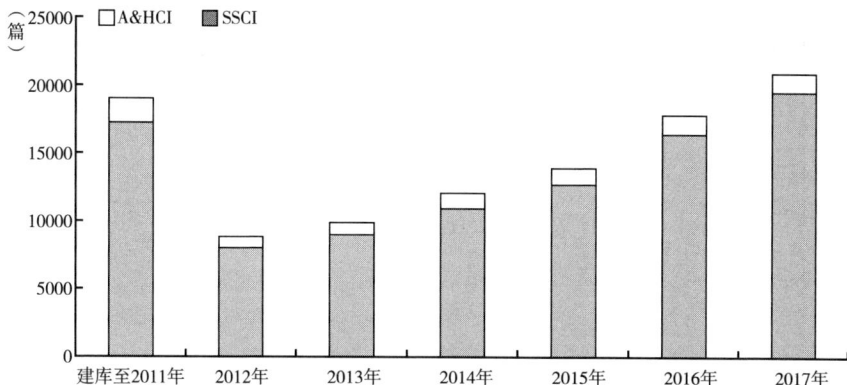

图 8 - 1　2014～2017 年发文量与此前两年及历史发文量之比较

资料来源：WOS 数据库。

从世界范围来看，中国学者 2014～2017 年在 SSCI 和 A&HCI 上的发文量可观，已稳居世界前列。通过图 8 - 2 的比较可以看到，这四年总发文量与美国相比差距虽仍然巨大（美国是我国的 8.9 倍），但比此前的差距（13.5 倍）有了可观幅度的减小；与欧洲传统社会科学大国德国相比，差距已有了明显缩小；[①] 相比法国，我国学者的发文量则从此前的略有优势（高出 9%）发展为明显优势（高出约 51%）；相比亚洲的其他学术大户日本和新加坡，我们的领先优势仍然非常明显。德、法、日等国的学者与中国学者类似，同样受到语言关的限制，因此三国学术的国际化程度具有很强的可比性，我们会长期关注。

2. 中国学者合作对象情况分析

随着学术国际化的发展，学者之间跨地区、跨国界乃至跨领域的合作越来越频繁。从 WOS 平台的数据来看，2014～2017 年，中国学者在 SSCI 上发文的合作者来源达到了 156 个国家和地区，比 2012～

[①] 2012～2013 年两年间，德国总发文量比我国高出 75%，2014～2017 年四年间则高出不到 24%。具体数值请参考本系列报告 2014 版。

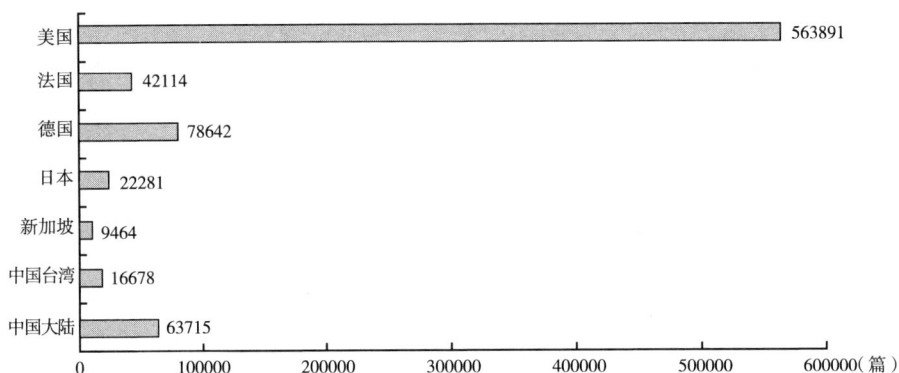

**图 8 − 2　2014～2017 年中国与其他国家和地区在
SSCI 和 A&HCI 上发文量比较**

2013 年的 92 个有了大幅增加。其中排名前十位者及其所占比例如表
8 − 2 所示。

**表 8 − 2　2014～2017 年中国学者在 SSCI 上合作发文者
来源前十位及与 2012～2013 年排序对比**

国家/地区	篇数	占比（%）	2012～2013 年排序情况
中华人民共和国	60600	100.000	
美国	13414	22.135	美国
澳大利亚	3598	5.937	英格兰
英格兰	3566	5.884	澳大利亚
加拿大	2208	3.644	加拿大
新加坡	1428	2.356	中国台湾
中国台湾	1390	2.294	新加坡
德国	1294	2.135	德国
荷兰	1176	1.941	日本
日本	1020	1.683	荷兰
法国	739	1.219	韩国

2014～2017 年，中国学者在 A&HCI 上发文的合作者来源为 61
个国家和地区，前十位与表 8－2 非常接近，见表 8－3。

表 8－3　2014～2017 年中国学者在 A&HCI 上合作发文者来源
前十位及与 2012～2013 年排序对比

国家/地区	篇数	占比（%）	2012～2013 年排序情况
中华人民共和国	5342	100.000	
美国	471	8.817	美国
英格兰	220	4.118	英格兰
澳大利亚	123	2.303	澳大利亚
德国	79	1.479	德国
加拿大	62	1.161	加拿大
日本	52	0.973	日本
中国台湾	52	0.973	荷兰
法国	48	0.899	西班牙
荷兰	39	0.730	新加坡
西班牙	38	0.711	中国台湾

由表 8－2、表 8－3 可以看出，2014～2017 年中国学者选择的合
作对象与前几年相比并没有太大变化，主要仍是学术大国，尤其是以
英语为母语或英语基础较好的国家或地区的学者，例如美国、英格
兰、澳大利亚、加拿大、新加坡、荷兰等。

中国学者的合作对象范围相比之前有了极大的拓展，一方面说明
中国社会科学学者近年来所关注的重点领域达到了高度的国际化，且
中国学者在学术规范化方面取得了较大的进步，能够获得越来越多国

际同行的认可；另一方面反映出 SSCI 和 A&HCI 的西方视角和英语独大，依然制约着中国及其他国家和地区的学者加入其中。

3. 中国学者在国际刊物发表文章所用语言情况分析

2014～2017 年，中国学者在 SSCI 和 A&HCI 上发表文章所用语种及所占比例如表 8 - 4、表 8 - 5 所示。

表 8 - 4 2014～2017 年 SSCI 中中国学者文章的语种分布

语言	篇数	占比（%）	语言	篇数	占比（%）
英语	60469	99.78	葡萄牙语	2	
中文	60	0.10	丹麦语	1	
西班牙语	26	0.04	意大利语	1	
德语	18	0.03	拉丁语	1	
法语	10	0.02	挪威语	1	
俄语	8	0.01	土耳其语	1	
波兰语	2				

表 8 - 5 2014～2017 年 A&HCI 中中国学者文章的语种分布

语言	篇数	占比（%）	语言	篇数	占比（%）
英语	4470	83.68	保加利亚语	3	0.06
中文	732	13.70	克罗地亚语	3	0.06
法语	46	0.86	捷克语	2	0.04
德语	40	0.75	意大利语	2	0.04
西班牙语	27	0.51	立陶宛语	2	0.04
俄语	9	0.17	荷兰语	1	0.02
葡萄牙语	5	0.09			

由表 8 - 4、表 8 - 5 可见，SSCI 依然是英语的天下，其他语种的发文量及占比小到可以忽略不计；A&HCI 中的语种则稍为多样化，

但同时，2014~2017 年英语发文量所占的百分比，比 2012~2013 年（78.8%）有了明显的上升，而中文的发文量占比则有所下降（2012~2013 年中文比重为 19.73%）。纵观 9 年间，A&HCI 数据库中英语和中文的使用情况呈现出此消彼长的势头，如图 8-3 所示。

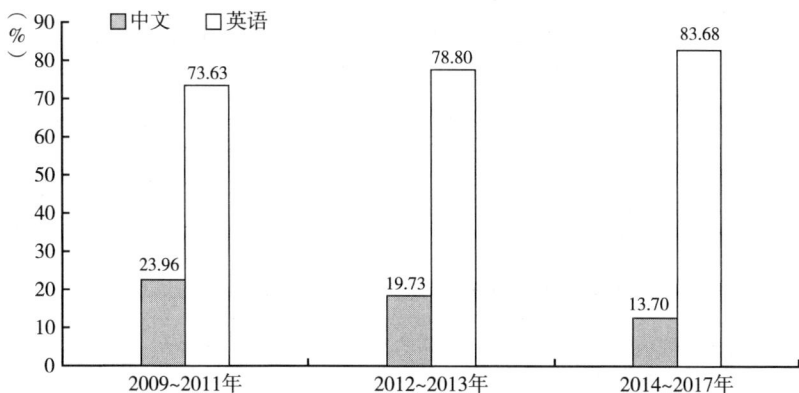

图 8-3　2009~2017 年 A&HCI 中中国学者中英文语种文章占比情况

表 8-4、表 8-5、图 8-3 说明，总体而言，中国学者对于除英语之外的外语，涉猎范围渐渐拓宽。在《中国文化"走出去"年度研究报告（2015 卷）》中，我们曾经预测道："今后中国学者在 SSCI 和 A&HCI 中发表的文章，以英语书写者所占比重将进一步加大。"这一预测现在看来正在成为现实。诚然，我们应当采取积极主动的姿态去和国际学术前沿对话，而不是被动地等待西方的汉学家来发现我们中国文化和文学乃至学术上的优秀作品，否则我们在国际上的声音将始终难以真正洪亮起来，现在中国学者在语言方面的蓄力达到了一定程度，图表中显示出来的趋势可以解读为一种可喜的进步。但我们仍然希望，随着中国国力的提升，汉语影响力的扩大，以及中国刊物与出版社国际化程度的提高，中国学者在国际上用中文发表文章的渠道能够越来越多，这一点对于提高中国人文社会科学的国际影响力具

有不可取代的重要作用。

4. 中国学者在国际刊物所发文章涉及学科（研究方向）①情况

2014～2017 年，中国学者在 SSCI 和 A&HCI 上发表的文章学科分布前十位与对应的文章数及占比如表 8-6、表 8-7 所示。

表 8-6 2014～2017 年 SSCI 中中国学者文章的学科分布

学科（研究方向）	篇数	占比（%）	2012～2013 年排序情况
ECONOMICS 经济学	7203	11.89	经济学
ENVIRONMENTAL SCIENCES 环境科学	4747	7.83	管理学
ENVIRONMENTAL STUDIES 环境研究	4366	7.21	心理学
MANAGEMENT 管理学	3928	6.48	精神病学
PUBLIC ENVIRONMENTAL OCCUPATIONAL HEALTH 公共与环境卫生	3437	5.67	环境研究
PSYCHIATRY 精神病学	2984	4.92	公共与环境卫生
PSYCHOLOGY MULTIDISCIPLINARY 心理学	2978	4.91	运筹管理学
GREEN SUSTAINABLE SCIENCE TECHNOLOGY 可持续发展科技	2879	4.75	商学
OPERATIONS XCRESEARCH MANAGEMENT SCIENCE 运筹管理学	2591	4.28	环境科学
BUSINESS 商学	2429	4.01	跨学科研究
前十名学科累计	37542	61.95	

SSCI 中，除了新上榜的"可持续发展科技"外，其他学科此前都已出现，不过排序略有不同。跌出前十的则是比较宽泛的"跨学

---

① 以下均为 WOS 数据库的默认学科分类。

科研究"，其排名现为第 11 位，仍然是中国学者关注的热点之一。以上学科占据了中国学者发文总量的六成，比此前（56.18%）有所提升。

A&HCI 中，除了地质学从第 7 位降到第 11 位、艺术进入前十位之外，该列表与此前相比变化也不大。不过亚洲研究方向比此前五年（2009～2013）稳定的前 3 位有所下降，这一点值得关注。而前十位研究方向的数量相加比此前的占比也有所下降，这也证明中国学者在人文与艺术领域的研究进一步拓宽，相比于 SSCI 中中国学者所关注的学科越来越集中的趋势，A&HCI 中的"百花齐放"引人期待。

表 8 - 7　2014～2017 年 A&HCI 中中国学者文章的学科分布

学科（研究方向）	篇数	占比（%）	2012～2013 年排序情况
LINGUISTICS 语言学	1308	24.49	语言学
LITERATURE 文学	878	16.44	文学
PHILOSOPHY 哲学	705	13.20	亚洲研究
ASIAN STUDIES 亚洲研究	667	12.49	哲学
RELIGIOIN 宗教学	363	6.80	历史学
HISTORY 历史学	344	6.44	宗教学
ARCHITECTURE 建筑学	295	5.52	地质学
ARTS HUMANITIES OTHER TOPICS 其他人文学主题	250	4.68	其他人文学主题
ARCHAEOLOGY 考古学	249	4.66	考古学
ART 艺术	228	4.27	建筑学
前十名学科累计	5287	98.97	

5. 国内高校及科研机构在 SSCI 和 A&HCI 上的发文情况考察

近年来，各大高校及科研机构越来越将在 SCI、SSCI 及 A&HCI 上的发文量视作评价教师和科研工作者科研能力的最重要指标，这也是近年来中国学者在 SSCI 和 A&HCI 上发文量不断增长的主要原因之一。本报告将 2014～2017 年国内部分高校及科研机构在这两种索引上的发文量整理成表 8－8。

表 8－8　2014～2017 年国内部分高校及科研机构在 SSCI 和 A&HCI
上发文数量及排名变化情况

排序	机构名称	发文数量	2012～2013 年排名情况
1	中国科学院 CHINESE ACADEMY OF SCIENCES	3811	1
2	北京大学 PEKING UNIVERSITY	2995	2
3	北京师范大学 BEIJING NORMAL UNIVERSITY	2059	6
4	浙江大学 ZHEJIANG UNIVERSITY	1988	4
5	清华大学 TSINGHUA UNIVERSITY	1977	3
6	上海交通大学 SHANGHAI JIAO TONG UNIVERSITY	1736	7
7	中山大学 SUN YAT SEN UNIVERSITY	1609	9
8	复旦大学 FUDAN UNIVERSITY	1585	5
9	中国人民大学 RENMIN UNIVERSITY OF CHINA	1373	8
10	武汉大学 WUHAN UNIVERSITY	1339	11

续表

排序	机构名称	发文数量	2012～2013 年排名情况
11	中国科学院大学 UNIVERSITY OF CHINESE ACADEMY OF SCIENCES CAS	1285	新
12	四川大学 SICHUAN UNIVERSITY	1090	
13	华中科技大学 HUAZHONG UNIVERSITY OF SCIENCE TECHNOLOGY	1072	14
14	中南大学 CENTRAL SOUTH UNIVERSITY	1058	20
15	南京大学 NANJING UNIVERSITY	1043	12
16	同济大学 TONGJI UNIVERSITY	947	15
17	中国科学院心理研究所 INSTITUTE OF PSYCHOLOGY CAS	880	新
18	华东师范大学 EAST CHINA NORMAL UNIVERSITY	878	17
19	厦门大学 XIAMEN UNIVERSITY	871	18
20	山东大学 SHANDONG UNIVERSITY	813	新

从表 8-8 可以看出，大陆高校人文社科领域国际化程度较高的机构排名变动并不大。其中中国科学院系统本次表现非常抢眼，除本院外，还有中国科学院大学和心理研究所两所机构跻身前 20 名，加上排第 26 名的中国科学院地理科学与资源研究所（INSTITUTE OF GEOGRAPHIC SCIENCES NATURAL RESOURCES RESEARCH CAS,

发文量为 669 篇），4 所机构共计发文 6645 篇，占了全国（包括港澳）机构发文总量的十分之一。

在教育部"创建世界一流大学计划"（简称"985 项目"）的所有大学中，此四年间发文量进入前 100 名的有 32 所，总发文量为 31813 篇，约占全国（包括港澳）机构发文总量的一半。

香港和澳门地区有 9 家机构进入前 100 名，其中 8 家位于前 25 名，香港大学和香港中文大学更是以 4157 篇和 3114 篇的发文量位居全国第一和第三。这 9 家机构 2014 ~ 2017 年发文总量为 16056 篇，占全国机构发文总量的 25% 之多。香港和澳门地区得风气之先，学术国际化程度高，值得内地高校与科研机构学习。

本章特别关注了我国人文科学类的国际化情况，整理出了2014 ~ 2017 年在 A&HCI 中发文的前一百家机构清单，请参考文末附表 1。

6. 被引率初步考察

众所周知，衡量一篇文章的影响力，最直接的方法是考察其被引用的情况（尤其是他引情况）。时至今日，中国哲学社会科学"走出去"在数量方面已经达到一定级别的基础上，我们有必要引入此项指标，以考察这些文章的总体质量。

截至 2018 年 7 月 13 日，中国学者这四年间发在 SSCI 中的文章，有过被引记录的共有 39372 篇，占总量的 64.97%。其中被引用超过 10 次（含）的为 7034 篇，占总量的 11.61%，被引用超过 30 次（含）的为 1063 篇，被引用超过 100 次（含）的有 94 篇，另有 5 篇被引用超过 700 次，不过这 5 篇文章的第一作者都是外国学者。通过图 8－4 可以更直观地看出被引频次与发文总量之间的关系。

截至 2018 年 7 月 13 日，中国学者这四年间发在 A&HCI 中的文章，有过被引记录的共有 1597 篇，约占总量的 30%。其中被引用超过 10 次（含）的为 111 篇，超过 30 次（含）的为 15 篇，另有 3 篇被引用超过 100 次。直观对比见图 8－5。

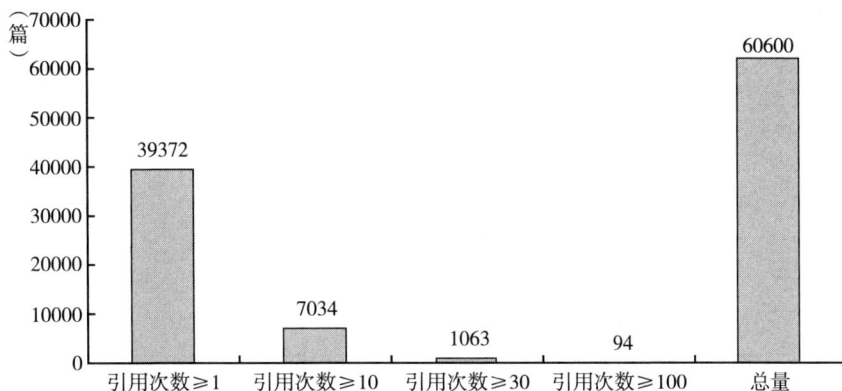

图 8 - 4　2014~2017 年中国学者在 SSCI 中发文的被引情况

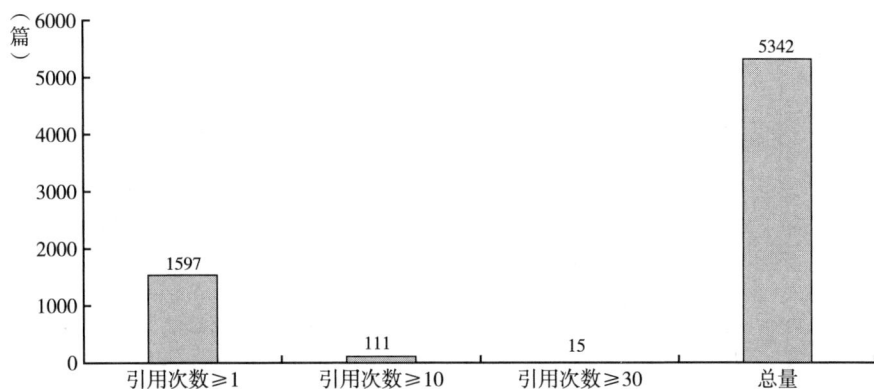

图 8 - 5　2014~2017 年中国学者在 A&HCI 中发文的被引情况

以上数据尚不能完全说明中国人文社会科学"走出去"的质量与地位。前文提到，中国与德国和法国在学术国际化的过程中有较强的可比性，因此，我们也考察了同时期德法两国学者在两个数据库中的文章被引情况。同时，美国作为标准的"制定者"，其人文社会科学研究者在这样有利的背景下达到了怎样的程度也值得了解。几国数据分别见图 8 -6、图 8 -7、图 8 -8、图 8 -9。

（篇）

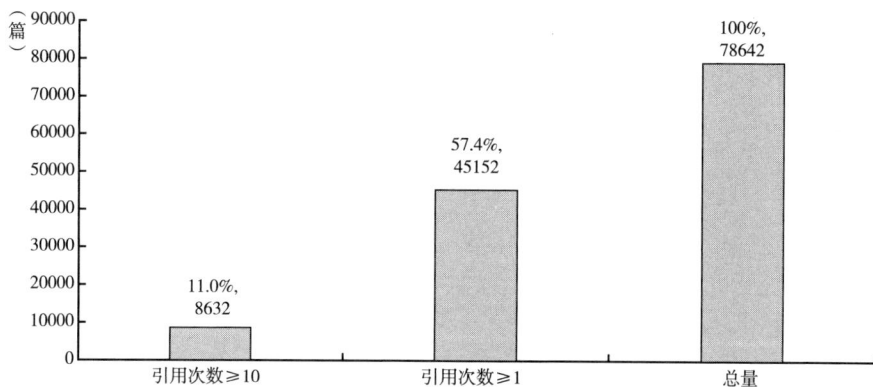

图 8 - 6　2014 ~ 2017 年德国学者在 SSCI 及 A&HCI 中发文的被引情况

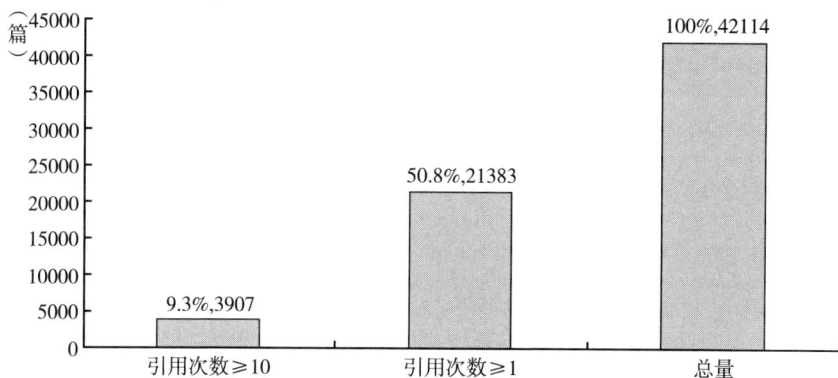

图 8 - 7　2014 ~ 2017 年法国学者在 SSCI 及 A&HCI 中发文的被引情况

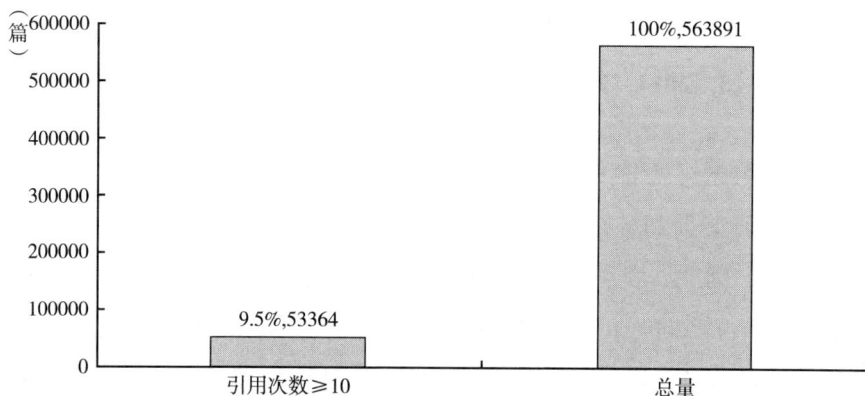

图 8 - 8　2014 ~ 2017 年美国学者在 SSCI 及 A&HCI 中发文的被引情况

说明：因数量超过限制，故引用 1 次及以上的篇数暂无法完全显示，未能得出准确数据。

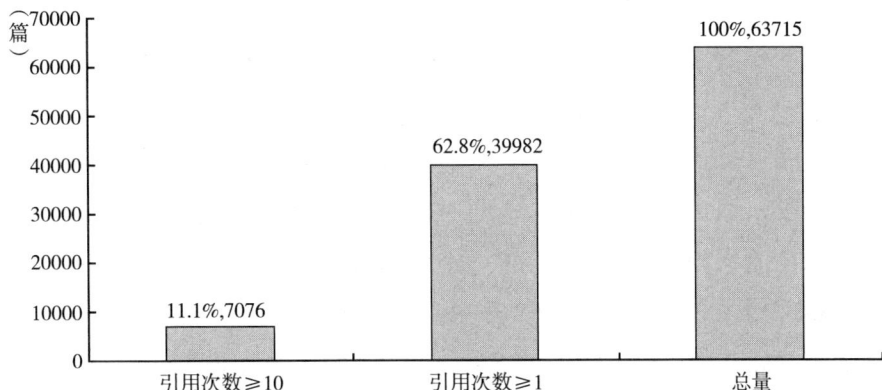

图 8 - 9　2014～2017 年中国学者在 SSCI 及 A&HCI 中发文的被引情况

在对比这些数据的基础上，我们欣喜地发现，中国学者这四年间在 SSCI 和 A&HCI 收录期刊中发文的被引率与国际平均水平相比，甚至有着一定优势，超过 10 次被引的文章占比与美国相比也不遑多让。这一结论可以进一步提振我国人文社科"走出去"的信心。

需要说明的是，人文社会科学，尤其是人文科学，其影响周期远远长于自然科学，我们的考察距离发表日期只有半年至 4 年半，不排除国内外部分优秀文章的影响力尚未完全释放出来的因素；而且以上数据并未排除自引情况，因此对于这些数据我们还应当谨慎看待，权作参考。

三　结论与对策

从 2014～2017 年的数据分析来看，在 SSCI 和 A&HCI 收录的期刊上发表文章对中国人文社会科学学者而言已经是一件越来越平常的事了。因此，有学者已经开始思考如何超越这一发展阶段。

清华大学外国语言文学系王宁教授早年曾大力在学界推广 SSCI 和 A&HCI 这一相对而言比较客观和公正的国际性评价标准，将其视为中国人文社会科学走向世界的一个重要步骤。2014 年，王宁教授撰文指出："在实施了中国人文社会科学的国际化战略并以 SSCI 和 A&HCI 作为评价标准十多年来，我们应该有所前进，也即我们不能仅仅满足于在一些 SSCI 和 A&HCI 来源期刊上发表论文的初始阶段，而应该有所超越，同时对这单一的评价标准也应该有所超越。目前，摆在我们面前的一个怪现象就是：一方面，一些单位的科研机构不恰当地过分夸大 SSCI 和 A&HCI 数据库的检索作用，错误地认为这是评价人文社会科学国际化的唯一标准或绝对的标准，这显然既有悖于研发这两大数据库的汤森 - 路透集团的初衷，同时也很容易忽视人文社会科学评价标准的另一些指标。另一方面，更多的高校和科研机构的主管部门仍对这两大数据库知之甚少，甚至根本忽视，它们仍然停留在如何鼓励自己的教师和科研人员用中文在 CSSCI 来源期刊上发表论文，对他们来说，既然不可能在 SSCI 和 A&HCI 来源期刊上发表论文，那么干脆就将其排斥在自己制定的科研奖励之外。这种自我封闭和虚无主义的态度显然不利于人文社会科学的国际化进程。"①

王宁教授认为，上述两大数据库并非评价人文社会科学研究国际化的唯一标准。我们除了应当继续重视在 SSCI 和 A&HCI 来源期刊上发表论文外，人文学者对自己成果的国际影响的评价还应当有另外三条标准：第一，是否能在国际著名的出版社出版专著或编著，即使是用中文撰写的著作被别人翻译出版也能说明其国际影响；第二，能否在国际学术组织中担任重要职务，或应邀做大会发言或主题发言；第三，能否被选为国际著名的科学院的外籍院士或通讯院士，或被国际著名大学授予名誉博士学位。如果将这三条标

---

① 王宁：《人文社会科学的多元评价机制：超越 SSCI 和 A&HCI 的模式》，《清华大学学报》（哲学社会科学版）2014 年第 4 期，第 82~85 页。

准与在国际刊物上发表论文一并考虑，就可以得出一个学者的学术是否真正达到国际水平并具有国际影响力的相对客观的标准。

如今，在"量"已得到显著提高的情况下，如何提高论文的"质"，应当是人文社会科学学者需要思考的重要问题。对此，我们建议抓住以下几点。

首先，对于已经能在 SSCI 和 A&HCI 刊物中发表论文的学者而言，应当不满足于"发表"本身，而需要更加关注发表之后的影响（例如通过考察被引情况、国际同行评价等途径），从中寻找出学术规律，以期写出更高质量的文章。

其次，我们要清楚认识到，SSCI 和 A&HCI 收录期刊并不等同于"顶级"刊物，每个学科内都还有公认的顶尖期刊，数量更少，发表更难，但其国际影响力也与普通刊物不可同日而语。因此，有必要对这两大数据库所收录的期刊进行再分类和再评价，以筛选出其中更权威的一批，进行重点引导，这也是学术发展到一定阶段之后的必然趋势。

再次，我国自己的刊物（无论是中文还是英文），应当有更多进入此类名录，吸引国内外本学科的著名学者发文，这是一个双赢的途径。

最后，我们也不要忘记将眼光投向英语之外的平台，在语言条件允许的情况下，与非英语学术圈的交流亦非常必要。在这方面，国内教授语种最多的北京外国语大学一直在探索更为全面的评价体系，近年来，根据对象国的文化地位及其人文社科成果的重要性与影响力等因素，经各语种专家学者推荐、评审，已形成一批《非英语国家重要学术期刊目录》（首批 105 种，两年修订一次），引导教师在其上发表成果。这对于尊重文化多元性、提高我国人文社科学术影响力等都具有非常积极的作用，值得推广。

总之，在人文社会科学的诸多评价标准中，SSCI 和 A&HCI 仅是其中之一，它作为一种人文社会科学国际化程度的最基本的评价机制，起到了其历史作用，对中国学者走向国际发挥了重要的引领作用。然而我们也要清醒地认识到其局限性。要提高自身的影响力和学术价值，中国人文社科学者势必还需要向更高峰迈进。

附表　2014～2017年中国机构（暂不含台湾地区）在A&HCI数据库中发表文章数量前一百名

排序	机构	篇数	占比（%）
1	香港大学 UNIV HONG KONG	366	6.850
2	香港中文大学 CHINESE UNIV HONG KONG	262	4.904
3	浙江大学 ZHEJIANG UNIV	205	3.837
4	北京大学 PEKING UNIV	203	3.800
5	香港城市大学 CITY UNIV HONG KONG	200	3.743
6	中国科学院 CHINESE ACAD SCI	179	3.350
7	香港理工大学 HONG KONG POLYTECH UNIV	159	2.976
8	香港浸会大学 HONG KONG BAPTIST UNIV	149	2.789
9	岭南大学 LINGNAN UNIV	141	2.639
10	中国人民大学 RENMIN UNIV CHINA	126	2.358
11	复旦大学 FUDAN UNIV	121	2.265
12	上海交通大学 SHANGHAI JIAO TONG UNIV	111	2.077
13	南京大学 NANJING UNIV	107	2.003
14	中山大学 SUN YAT SEN UNIV	106	1.984
15	清华大学 TSINGHUA UNIV	101	1.890
16	华东师范大学 EAST CHINA NORMAL UNIV	98	1.834
17	北京师范大学 BEIJING NORMAL UNIV	93	1.741
18	澳门大学 UNIV MACAU	89	1.666
19	中国社会科学院 CHINESE ACAD SOCIAL SCI	88	1.647
20	广东外语外贸大学 GUANGDONG UNIV FOREIGN STUDIES	87	1.628

续表

排序	机构	篇数	占比（%）
21	华中师范大学 CENT CHINA NORMAL UNIV	81	1.516
22	武汉大学 WUHAN UNIV	79	1.479
23	同济大学 TONGJI UNIV	76	1.422
24	厦门大学 XIAMEN UNIV	76	1.422
25	山东大学 SHANDONG UNIV	74	1.385
26	中国科学院大学 UNIV CHINESE ACAD SCI	70	1.310
27	华中科技大学 HUAZHONG UNIV SCI TECHNOL	65	1.217
28	四川大学 SICHUAN UNIV	63	1.179
29	香港教育学院 HONG KONG INST EDUC	58	1.086
30	香港科技大学 HONG KONG UNIV SCI TECHNOL	54	1.011
31	上海师范大学 SHANGHAI NORMAL UNIV	51	0.955
32	南京师范大学 NANJING NORMAL UNIV	44	0.824
33	北京航空航天大学 BEIHANG UNIV	40	0.749
34	东南大学 SOUTHEAST UNIV	38	0.711
35	杭州师范大学 HANGZHOU NORMAL UNIV	37	0.692
36	兰州大学 LANZHOU UNIV	37	0.692
37	上海大学 SHANGHAI UNIV	37	0.692
38	上海外国语大学 SHANGHAI INT STUDIES UNIV	35	0.655
39	北京外国语大学 BEIJING FOREIGN STUDIES UNIV	34	0.636
40	暨南大学 JINAN UNIV	32	0.599
41	西交利物浦大学 XI'AN JIAOTONG-LIVERPOOL UNIV	32	0.599
42	陕西师范大学 SHAANXI NORMAL UNIV	31	0.580
43	剑桥大学 * UNIV CAMBRIDGE	31	0.580
44	重庆大学 CHONGQING UNIV	29	0.543
45	香港教育大学 EDUC UNIV HONG KONG	28	0.524
46	哈佛大学 * HARVARD UNIV	28	0.524
47	伦敦大学学院 * UCL	27	0.505
48	西南大学 SOUTHWEST UNIV	26	0.487
49	湖南大学 HUNAN UNIV	25	0.468
50	苏州大学 SOOCHOW UNIV	25	0.468

续表

排序	机构	篇数	占比（%）
51	北京科技大学 UNIV SCI TECHNOL BEIJING	25	0.468
52	中国科技大学 UNIV SCI TECHNOL CHINA	25	0.468
53	吉林大学 JILIN UNIV	23	0.430
54	华侨大学 HUAQIAO UNIV	22	0.412
55	南开大学 NANKAI UNIV	22	0.412
56	深圳大学 SHENZHEN UNIV	21	0.393
57	北京语言大学 BEIJING LANGUAGE CULTURE UNIV	19	0.356
58	故宫博物院 PALACE MUSEUM	19	0.356
59	西安交通大学 XI'AN JIAOTONG UNIV	19	0.356
60	宁波大学 NINGBO UNIV	18	0.337
61	西安外国语大学 XIAN INT STUDIES UNIV	18	0.337
62	福建师范大学 FUJIAN NORMAL UNIV	17	0.318
63	河南大学 HENAN UNIV	17	0.318
64	江苏师范大学 JIANGSU NORMAL UNIV	17	0.318
65	浙江财经大学 ZHEJIANG UNIV FINANCE ECON	17	0.318
66	北京第二外国语学院 BEIJING INT STUDIES UNIV	16	0.299
67	中南大学 CENT S UNIV	16	0.299
68	哈尔滨工业大学 HARBIN INST TECHNOL	16	0.299
69	加利福尼亚大学洛杉矶分校 * UNIV CALIF LOS ANGELES	16	0.299
70	格拉斯哥大学 * UNIV GLASGOW	16	0.299
71	对外经济贸易大学 UNIV INT BUSINESS ECON	16	0.299
72	牛津大学 * UNIV OXFORD	16	0.299
73	台北中研院 * ACAD SINICA	15	0.281
74	杜克大学 * DUKE UNIV	15	0.281
75	斯坦福大学 * STANFORD UNIV	15	0.281
76	诺丁汉大学 * UNIV NOTTINGHAM	15	0.281
77	浙江工商大学 ZHEJIANG GONGSHANG UNIV	15	0.281
78	中国政法大学 CHINA UNIV POLIT SCI LAW	14	0.262
79	江西师范大学 JIANGXI NORMAL UNIV	14	0.262
80	夏威夷大学马诺阿分校 * UNIV HAWAII MANOA	14	0.262

续表

排序	机构	篇数	占比（%）
81	阿卜杜拉国王科技大学* KING ABDULAZIZ UNIV	13	0.243
82	麦考瑞大学* MACQUARIE UNIV	13	0.243
83	宁夏医科大学 NINGXIA MED UNIV	13	0.243
84	华南师范大学 S CHINA NORMAL UNIV	13	0.243
85	上海财经大学 SHANGHAI UNIV FINANCE ECON	13	0.243
86	西南财经大学 SOUTHWESTERN UNIV FINANCE ECON	13	0.243
87	不列颠哥伦比亚大学* UNIV BRITISH COLUMBIA	13	0.243
88	昆士兰大学* UNIV QUEENSLAND	13	0.243
89	华盛顿大学* WASHINGTON UNIV	13	0.243
90	首都师范大学 CAPITAL NORMAL UNIV	12	0.225
91	柏林自由大学* FREE UNIV BERLIN	12	0.225
92	湖南师范大学 HUNAN NORMAL UNIV	12	0.225
93	中央民族大学 MINZU UNIV CHINA	12	0.225
94	南洋理工大学* NANYANG TECHNOL UNIV	12	0.225
95	台湾大学* NATL TAIWAN UNIV	12	0.225
96	东北师范大学 NE NORMAL UNIV	12	0.225
97	多伦多大学* UNIV TORONTO	12	0.225
98	耶鲁大学* YALE UNIV	12	0.225
99	中国美术学院 CHINA ACAD ART	11	0.206
100	哥伦比亚大学* COLUMBIA UNIV	11	0.206

注1：其中三所高校因发表文章时所填名称有异，在数据库中被分别计算和排序，笔者将数据统一至常用校名中，并调整了相应的排序。这三所高校是：北京大学（常用英语名为 Peking University，Beijing University 名下计入了12篇）；中国人民大学（常用英语名为 Renmin University of China，Renmin University 名下计入了12篇）；华东师范大学（常用英语名为 East China Normal University，E China Normal University 名下计入了38篇）。

注2：表中标"＊"的为国外或中国台湾地区高校，部分原因是学者发文时可能会署两个机构名。

图书在版编目（CIP）数据

中国哲学社会科学"走出去"年度报告.2018 / 张
朝意主编. －－北京：社会科学文献出版社，2019.3
（中国文化"走出去"研究报告）
ISBN 978 - 7 - 5201 - 4047 - 8

Ⅰ.①中…　Ⅱ.①张…　Ⅲ.①哲学社会科学 - 发展 -
研究报告 - 中国 - 2018　　Ⅳ.①C12

中国版本图书馆 CIP 数据核字（2018）第 284713 号

中国文化"走出去"研究报告
中国哲学社会科学"走出去"年度报告（2018）

主　　编 / 张朝意
副 主 编 / 管永前

出 版 人 / 谢寿光
责任编辑 / 叶　娟　郭　欣

出　　版 / 社会科学文献出版社·国别区域分社（010）59367078
　　　　　　地址：北京市北三环中路甲 29 号院华龙大厦　邮编：100029
　　　　　　网址：www.ssap.com.cn
发　　行 / 市场营销中心（010）59367081　59367083
印　　装 / 三河市龙林印务有限公司

规　　格 / 开　本：787mm × 1092mm　1/16
　　　　　　印　张：12.75　字　数：169 千字
版　　次 / 2019 年 3 月第 1 版　2019 年 3 月第 1 次印刷
书　　号 / ISBN 978 - 7 - 5201 - 4047 - 8
定　　价 / 79.00 元